E OUTRAS

IMPOSSI

BILIDADES

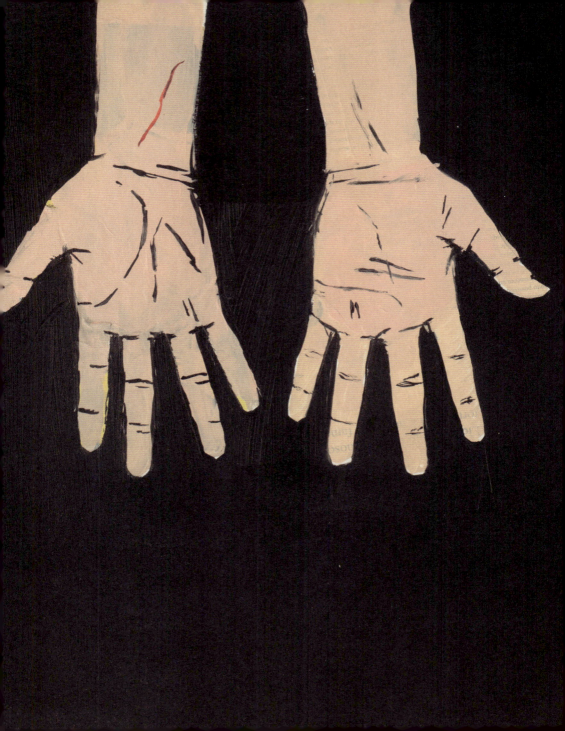

MULHERES
E CAÇA `AS BRUXAS

SILVIA FEDERICI

MULHERES E CAÇA `ÀS BRUXAS

DA IDADE MÉDIA AOS DIAS ATUAIS

TRADUÇÃO: HECI REGINA CANDIANI

Sumário

Agradecimentos 7

Prefácio, por *Bianca Santana* 9

Introdução 21

Parte um Revisitando a acumulação primitiva do capital
e a caça às bruxas na Europa 29

   1 *Midsommervisen "Vi elsker vort land"*/ Canção de
     verão "Amamos nosso país".................................. 33

   2 Por que falar outra vez em caças às bruxas? 39

   3 Caças às bruxas, cercamentos e o fim das relações
     de propriedade comunal 47

   4 A caça às bruxas e o medo do poder das mulheres........61

   5 Sobre o significado de *"gossip"*........................75

Parte dois Novas formas de acumulação de capital e a
caça às bruxas em nossa época 85

   6 Globalização, acumulação de capital e violência contra as
     mulheres: uma perspectiva internacional e histórica 89

   7 Caça às bruxas, globalização e solidariedade feminista na
     África dos dias atuais 107

Conclusão..139

Bibliografia 143

Índice 151

Agradecimentos

Este livro deve sua existência ao trabalho, ao encorajamento e ao aconselhamento que recebi de Camille Barbagallo, que leu o conteúdo em muitas versões e, com sugestões e ideias, me ajudou a concebê-lo como discurso fluido. Também devo um agradecimento especial a Rachel Anderson e Cis O'Boyle, que me pediram para escrever a história da alteração no significado de *gossip* [fofoca], e a Kirsten Dufour Andersen, que, em seu centro de artes em Copenhague, junto com outras mulheres cujo nome não consigo recordar, me entregou o texto e a tradução da *Midsommervisen* [canção de verão] do Capítulo 1. Um agradecimento especial também a Josh MacPhee, por desenhar a capa [da edição da PM Press], e aos coeditores do livro, Ramsey Kanaan, da PM Press, Jim Fleming, da Autonomedia, e Malav Kanuga, da Common Notions. Não por último, obrigada às muitas jovens que, nos últimos anos, acolheram *Calibã e a bruxa* com grande entusiasmo e logo perceberam a relação entre a caça às bruxas do período da "acumulação primitiva" e a nova explosão de violência contra as mulheres. Este livro é dedicado a todas elas que, consoante ao famoso grito de guerra, dizem, com orgulho: "Somos as netas de todas as bruxas que vocês não conseguiram queimar".

Prefácio

Bianca Santana

Na cozinha de ladrilhos verdes da Casa de Lua, começamos a leitura coletiva de *Calibã e a bruxa*. Era 2014, e o livro lançado dez anos antes ainda não havia sido traduzido para português*. Parte do grupo lia em inglês, parte, em espanhol. Fazia pouco mais de um ano que havíamos concretizado esse espaço na Vila Anglo, Zona Oeste de São Paulo, na intenção de experimentar e debater o que seriam o trabalho e a ação política a partir de uma perspectiva feminista, antipatriarcal, que percebe o cuidado e a reprodução como centro das transformações por nós sonhadas. Em junho de 2013, estivéramos nas ruas, e tomar as rédeas das mudanças nos parecia uma urgência.

Ler e debater a análise histórica de Silvia Federici nos permitiu momentos de epifania e se mostrou um divisor de águas para muitas de nós. A discriminação contra mulheres, assim como o racismo, é estruturante no capitalismo desde sua origem – e é essencial

---

* Ed. bras.: *Calibã e a bruxa: mulheres, corpo e acumulação primitiva* (trad. Coletivo Sycorax, São Paulo, Elefante, 2017 [2004]). (N. E.)

à sua consolidação. A história da emergência da modernidade na Europa que haviam nos contado, enaltecendo a superação do feudalismo como um modo de organização terrível para quem não era nobre, omitia a vida e a organização social das mulheres. A luz jogada no feudo, depois no Estado e no mercado, ofuscava a importância da comunidade e da partilha de recursos como fundamentais à organização da vida.

Pela primeira vez, líamos que o trabalho de cuidado não era necessariamente menor fora do capitalismo. Que mulheres cozinhando, limpando, plantando, cuidando coletivamente – não cada uma isolada em uma casa – organizavam-se em termos políticos e dividiam poder com os homens. Que na Europa e nas colônias do chamado Novo Mundo dos séculos XVI e XVII muitas delas, talvez por isto chamadas bruxas, resistiram de diversas formas ao confinamento e à subordinação exigidos pela nova ordem.

Foi-nos omitida a resistência das mulheres à invasão europeia nos territórios latino-americanos, à colonização, aos cercamentos de terras, à imposição da família nuclear, à apropriação e à destruição de seu corpo e seus saberes. Não tínhamos detalhes de como haviam sido acusadas de bruxas as parteiras, as que organizavam protestos contra o preço dos grãos, as que conheciam a cura pelas ervas, as que não aceitavam a escravização ou o intenso processo de pauperização, as que continuavam a exercer sua sexualidade como bem entendessem. Milhares de mulheres, centenas de milhares, foram torturadas, presas ou queimadas em praça pública.

Silvia Federici nos permite ver um quadro mais completo de como esse extermínio está diretamente relacionado ao desenvolvimento das relações capitalistas. A caça às bruxas – assim como o tráfico transatlântico, a escravização negra, o extermínio de povos indígenas e a colonização das Américas – foi essencial à acumulação primitiva do capital. Marx não deu atenção a esse detalhe. E Silvia, mais que preencher uma lacuna, se soma às pensadoras dedicadas a escrever a história das mulheres. Uma história omitida, apagada, silenciada.

Enquanto líamos *Calibã* na cozinha de ladrilhos verdes, queríamos espalhar essa outra versão da história da Europa e do colonialismo para todo mundo! Talvez fosse uma ideia similar à de quem aconselhou Silvia, durante anos, a escrever um livro mais simples que *Calibã e a bruxa* na tentativa de alcançar um público mais amplo. No segundo semestre de 2018, *Mulheres e caça às bruxas* foi publicado com esse propósito – e eis aqui, traduzido para o português, um ano depois.

Não é possível escrever sobre perseguição a bruxas no século XVIII sem mencionar a pesquisa de mestrado de Carolina Rocha, *O sabá do sertão**. Carolina nos apresenta aspectos da caça às bruxas do Brasil colonial ao analisar as denúncias de Joana e Custódia, mulheres negras escravizadas por um padre jesuíta, à Inquisição de Lisboa. Reproduzo um trecho, deixando a forte recomendação do livro todo.

As práticas mágicas na colônia cumpriam sua função social através dos conflitos entre vizinhos, do surgimento de doenças sem explicação, das intempéries da natureza, da escravidão, da saudade dos parentes, da miséria e das angústias e incertezas das camadas populares. A Inquisição portuguesa e o esforço catequético esforçaram-se para enquadrar as populações coloniais e europeias na ortodoxia cristã. A figura do demônio foi destacada no seio das práticas mágicas e no folclore

---

* Carolina Rocha, *O sabá do sertão: feiticeiras, demônios e jesuítas no Piauí colonial (1750-1758)* (dissertação de metrado em história social, UFF, Niterói, 2013). (N. E.)

popular. O olhar erudito julgava grande parte das crenças populares como incompreensíveis e interpretava segundo seus esquemas mentais certas manifestações, que foram isoladas e demonizadas.*

Pela importância atribuída a registrar a memória – juízo de valor que compartilho com Silvia –, relato o momento em que conheci o trabalho de Carolina. Estávamos ambas, com mais uma centena de mulheres, no II Seminário de Feminismo do Instituto de Estudos Sociais e Políticos (Iesp), da Uerj, no Rio de Janeiro. Por indicação de companheiras da Marcha Mundial das Mulheres, eu havia sido convidada a apresentar no evento uma perspectiva feminista do comum. Silvia Federici foi minha principal referência teórica, seguida por bell hooks.

Era 13 de maio de 2016, aniversário da falsa abolição, e vivíamos dias decisivos do golpe de Estado ainda em curso. A presidenta Dilma Rousseff acabara de ser afastada do cargo, por 180 dias, depois da votação no Senado que abrira o processo chamado de *impeachment*. As estudantes do Iesp fizeram uma abertura-protesto com megafone e faixas, à qual se seguiu o choro da plateia.

Depois que falei da queima às bruxas na Europa e da perseguição às mulheres latino-americanas que resistiram à dominação espanhola, Carolina contou da pesquisa correlata que focou no âmbito brasileiro. Fiquei muito interessada no livro e comecei a lê-lo na manhã seguinte. E, além de mais referência teórica, ganhei duas amigas naquele dia. Carol e Marielle Franco, que havia defendido sua dissertação de mestrado na UFF dois anos antes e ensaiava sua possível candidatura à vereança. Meses mais tarde, em outubro, Carol e Mari conheceram Silvia em atividades promovidas

---

* Ibidem, p. 193. (N. E.)

no Rio. Das referências e dos afetos compartilhados com as duas, dou destaque à luta feminista e antirracista – e a Silvia Federici.

Nascida em Parma, na Itália, em 1942, Silvia Federici teve uma infância marcada pelas lembranças da Segunda Guerra Mundial, do fascismo e, também, da resistência. Acordava ouvindo "Bella ciao" e admirava trabalhadores com cravos vermelhos na lapela no 1º de Maio. Crescera em um mundo dividido, ouvindo as histórias que os pais contavam, testemunhando retaliações aos fascistas e desconfiando do Estado.

A mãe de Silvia, dona de casa típica, se ressentia de não ter o próprio trabalho valorizado. E por muito tempo Silvia só percebeu o que havia de aprisionador e opressivo na vida da mãe. Foi apenas recentemente que se deu conta de como as memórias e os afetos eram compartilhados nos momentos de preparar a massa ou a geleia. O problema não é necessariamente o trabalho doméstico e de cuidados, mas o lugar ocupado pelo trabalho de reprodução da vida no capitalismo.

Em 1965, finalizou a graduação em filosofia na Universidade de Bolonha e ingressou no mestrado. Em 1967, recebeu uma bolsa para finalizar sua pesquisa na Universidade de Buffalo, nos Estados Unidos, onde viveu por três anos. Lá pôde conviver com ativistas antiguerra que tentavam escapar do recrutamento para o Vietnã e com lideranças da comunidade negra e dos principais movimentos feministas. De volta à Itália, fez doutorado em literatura e línguas modernas antes de se mudar mais uma vez para os Estados Unidos, onde finalizou o doutorado em filosofia, em 1980. Anos depois, tornou-se professora na Universidade de Hofstra, em Nova York, onde segue como professora emérita.

Já na primeira ida aos Estados Unidos conheceu os escritos de Mariarosa Dalla Costa e Selma James sobre o trabalho doméstico como trabalho de reprodução (em oposição ao trabalho produtivo). Para ir às fábricas produzir, trabalhadores precisam comer, ter as roupas limpas e costuradas, descansar em ambientes limpos. Muito trabalho é necessário para que a classe trabalhadora se reproduza e, no capitalismo norte-americano e europeu, essa era uma função exercida por mulheres, que não recebiam remuneração, poder político nem qualquer forma de reconhecimento. Com as duas, Silvia ajudou a fundar o Coletivo Internacional Feminista, que batalhou por salários para trabalhos domésticos.

Cabe explicitar que em países com passado colonialista, como é o caso do Brasil, o trabalho de reprodução é feito por mulheres negras e pobres – herança do período escravocrata que se atualiza diariamente nas casas das classes médias e das elites, mesmo naquelas em que se lê Silvia ou bell hooks. Em 2016, na primeira vez em que Silvia Federici esteve no Brasil, tive a oportunidade de entrevistá-la para a revista *Cult* e perguntei-lhe sobre sua percepção do trabalho reprodutivo por aqui. Foi enfática.

Há uma diferença importante entre o regime que o capitalismo impôs à classe trabalhadora na Europa e o colocado nos lugares onde existiu escravidão. Na Europa, foi constituída essa classe de esposa-trabalhadora em tempo integral. Mesmo que muitas mulheres também trabalhassem fora de casa, era entendido que o trabalho primordial era cuidar dos trabalhadores. Isso foi parte de um projeto capitalista de investir na classe trabalhadora dando a ela uma casa e um salário para que fosse mais produtiva. Na África e na América Latina, essa realidade sempre foi bem diferente. Porque o Estado nunca esteve preocupado em investir nos trabalhadores, mas sim em consumi-los.

Então, a tarefa das mulheres nunca foi reproduzir sua comunidade, mas reproduzir a vida dos ricos.*

Silvia compreende a questão racial como poucas autoras não negras. Em sua percepção, todos os movimentos feministas norte-americanos foram criados no século XIX, depois dos movimentos abolicionistas. E, na década de 1970, o feminismo se fortaleceu a partir da atuação dos *black panthers*. A proximidade com ativistas negras e negros norte-americanos certamente influenciou seu olhar, assim como o período de três anos em que foi professora na Universidade de Port Harcourt, na Nigéria. Ir à África foi uma experiência reveladora para ela.

Descobri que muitas pessoas vivem no mundo sem se submeter às leis do capitalismo, como se elas fossem naturais. [...] Isso não é verdade, e na África é menos verdade ainda, porque existe uma forte resistência, que vem dessa conexão com a terra, que não é só o meio de produção, mas a conexão com sua ancestralidade, com a natureza, é o espaço para o trabalho coletivo e [é] geradora de inúmeras relações de solidariedade. A terra é tudo.**

Na Nigéria, Silvia percebeu que, apesar do colonialismo, muitas pessoas vivem em comunidade e que a base material das vilas rurais é o comum: a terra comum para o cultivo. Dos ataques históricos aos comuns, na África do fim dos anos 1980, início dos 1990, Silvia viu a pressão da dívida externa, de crises econômicas, o Banco Mundial tentando convencer os governos e as pessoas em

---

* Entrevista de Bianca Santana, "Silvia Federici: o capitalismo tenta destruir as nossas memórias". *Revista Cult*, 2 jun. 2017. Disponível em: ‹https://revistacult.uol.com.br/home/silvia-federici-o-capitalismo-tenta-destruir-memorias/›; acesso em: jul. 2019. (N. E.)

** Idem. (N. E.)

relação à privatização da terra. Ela testemunhou também a resistência a essas promessas falaciosas de desenvolvimento.

Neste livro, Silvia mostra como o atual processo de cercamento e privatização de terras cria o ambiente e as motivações sociais para que mulheres engajadas na preservação dos comuns sejam acusadas, em todo o mundo, de bruxaria. Além disso, discute a relação entre a caça às bruxas e o cercamento dos corpos das mulheres por meio do controle de nossa sexualidade e nossa autonomia reprodutiva.

Silvia trabalha, ao menos, com dois tempos. O dos séculos XVII e XVIII, quando mulheres foram perseguidas como bruxas não só pela Igreja e pela Inquisição, como por suas próprias comunidades, e o da perseguição atual a mulheres sob a acusação de bruxaria. Essa nova fase de perseguição, segundo a autora, tem raízes na caça às bruxas do passado e é também justificada pela religião e pela misoginia.

Assim como relata sobre países europeus, africanos e asiáticos, sabemos que no Brasil há casos explícitos de perseguição e assassinato de mulheres acusadas de bruxaria; um exemplo é o caso de Fabiane Maria de Jesus, de Guarujá, litoral de São Paulo, em 2014. A mulher de 33 anos de idade teria sido confundida com outra que sequestraria crianças para rituais de magia e foi linchada por cerca de cem pessoas no bairro onde vivia.

Em fevereiro de 2019, a Comissão Interamericana de Direitos Humanos (CIDH) manifestou preocupação quanto ao elevado número de assassinatos de mulheres no Brasil já no início do ano. Segundo a comissão, 126 foram assassinadas em razão de seu gênero e outras 67 sofreram tentativas de homicídio. E os dados de feminicídio, assassinato de mulheres pelo fato de serem mulheres, explicitam quem são os principais alvos do ódio às mulheres no Brasil. Entre 2003 e 2013, a taxa de homicídios entre negras aumentou 54%, enquanto a vinculada a brancas diminuiu 9,8%. Tratar as mulheres como um grande grupo universal não nos permite compreender as diferenças e as desigualdades vivenciadas entre diferentes raças e classes, por exemplo.

Leis e políticas públicas importantes, ao desconsiderarem tais diferenças, têm sido pouco efetivas para as mulheres que mais necessitam delas. A Lei Maria da Penha, internacionalmente premiada, tem-se mostrado irresoluta para mulheres negras. É necessário investigar a fundo os motivos, compreendendo que muitas dessas mulheres não percebem o Estado como instituição que protege a vida delas. Ao contrário, assim como o crime organizado e as milícias, o Estado também é uma ameaça.

Escrevo estas linhas quinhentos dias depois da execução de Marielle Franco. A vereadora do Rio de Janeiro, defensora dos direitos humanos, mãe de Luyara, companheira de Mônica, filha de Antonio e Marinete, irmã de Anielle, foi alvejada com quatro tiros no rosto depois de sair de uma atividade pública no centro do Rio. Até hoje não sabemos quem mandou matar Marielle. E o Estado não tem se mostrado engajado na investigação. Ao contrário, representantes do Estado, incluindo familiares do presidente da República, têm relação explícita com os executores de Marielle.

Assim como as mulheres, os comuns têm sido atacados duramente no atual governo: territórios indígenas e quilombolas ameaçados e invadidos; fortalecimento do agronegócio e liberação de agrotóxicos proibidos em diversos países do mundo; previdência privada, saúde pública e outras políticas sociais desmontadas. Defensoras e defensores dos direitos humanos e dos comuns assassinados, perseguidos e encarcerados. Preta Ferreira e outras lideranças do movimento de moradia presas, acusadas de extorsão a partir de uma denúncia anônima e sem provas.

Além da perseguição de mulheres militantes, pode-se traçar um paralelo entre as denúncias e as análises de Silvia e os episódios cada vez mais frequentes de racismo religioso. Em 2017, sete homens armados invadiram um terreiro de candomblé em Nova Iguaçu, no Rio de Janeiro, e obrigaram a ialorixá, uma mulher negra, a destruir suas guias e seus objetos sagrados. Eles filmaram e divulgaram toda a violência nas redes sociais, acusando-a de ser o "demônio-chefe". Testemunhas disseram que os homens urinavam nas imagens dos santos afirmando que não permitiriam bruxaria naquela comunidade. Entre 2011 e 2017, as denúncias de discriminação religiosa cresceram de 15 para 537. Apenas no primeiro semestre de 2018, foram registradas 210 denúncias, mostrando um aumento de 7,5% em relação ao mesmo período em 2017.

Contudo, se cresceu a violência contra as mulheres, foi porque cresceu também nossa resistência ao racismo, ao sexismo, à desigualdade, ao capitalismo. Enquanto nos dedicamos a essas denúncias, amplificamos nossas vozes e nos aquilombamos, em insurgência. Tenho certeza de que muitas mulheres estarão reunidas em cozinhas de ladrilhos verdes, parques, salas de aula, casas insubmissas, auditórios e institutos para a leitura deste livro. Tantas outras se encontrarão nas ruas, nos blocos de carnaval, em sambas, campanhas eleitorais, seminários e atividades acadêmicas, construindo relações densas e transformadoras. Algumas delas farão pesquisas importantes e vão revirar arquivos relativos à luta das mulheres e à resistência à escravidão no Brasil, publicando informações ainda desconhecidas. Outras escreverão livros para disseminar nossa memória, nossa história, nossa ancestralidade. Outras, ainda, serão eleitas parlamentares e contribuirão para a necessária ocupação da política institucional. Inspiradas por Silvia, bell, Sueli, Lélia, Angela, daremos outro rumo à história.

Marielle presente!

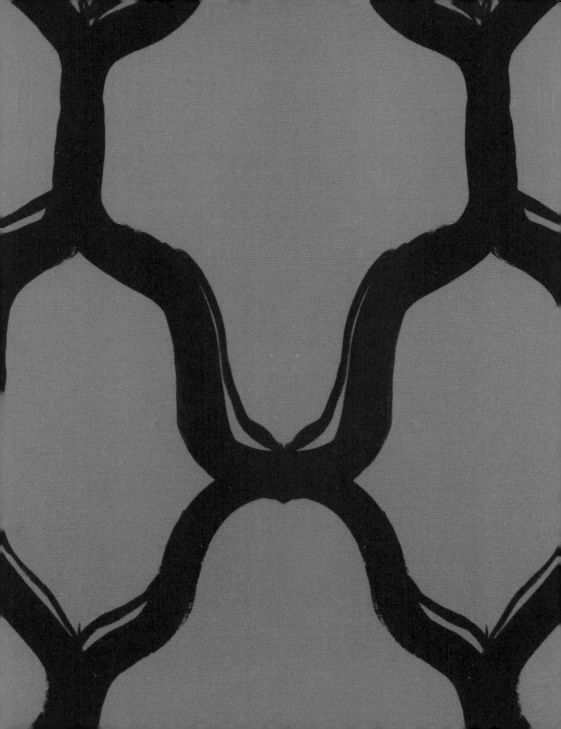

Introdução

Vários fatores me persuadiram a publicar os ensaios contidos neste volume, mesmo que eles apenas esbocem o início de uma nova investigação e ainda que, em certa medida, ao menos na primeira parte, proponham teorias e apresentem documentos já abordados em *Calibã e a bruxa**. Um fator é a solicitação, muitas vezes dirigida a mim nos últimos tempos, de um livro revisitando os principais temas de *Calibã e a bruxa* e capaz de alcançar um público mais amplo. A isso devo acrescentar meu desejo de continuar pesquisando alguns aspectos das caças às bruxas na Europa que têm especial importância para a compreensão do contexto econômico/político que as produziu. Neste volume, concentrei-me em dois desses aspectos, embora espere continuar esse trabalho com novas pesquisas sobre a relação entre mulheres e dinheiro – e como ela foi constituída pela campanha ideológica que acompanhou a caça às bruxas –, sobre o papel das crianças como acusadoras e acusadas em julgamentos e, acima de tudo, sobre a caça às bruxas no mundo colonial.

---

* *Calibã e a bruxa: mulheres, corpo e acumulação primitiva* (trad. Coletivo Sycorax, São Paulo, Elefante, 2017 [2004]). (N. E.)

Neste livro, reconsiderei o ambiente e as motivações sociais que produziram muitas das acusações de bruxaria, atendo-me, em especial, a dois temas. Primeiro, na relação entre a caça às bruxas e o processo contemporâneo de cercamento e privatização de terras. Esse processo levou, ao mesmo tempo, à formação de uma classe proprietária de terras, transformando a produção agrícola em um empreendimento comercial, e à formação, a partir do cercamento das terras comunais, de uma população de pedintes e errantes que representava uma ameaça ao desenvolvimento da ordem capitalista. Essas mudanças não foram de natureza puramente econômica; elas refletiram em todos os aspectos da vida, produzindo uma grande reestruturação de prioridades, normas e valores sociais. Em segundo lugar, passei a discutir a relação entre a caça às bruxas e o crescente cerceamento do corpo feminino por meio da ampliação do controle estatal sobre a sexualidade e a capacidade reprodutiva das mulheres. O fato de esses dois aspectos das caças às bruxas na Europa serem tratados separadamente não implica, entretanto, que estivessem separados na realidade, já que a pobreza e a transgressão sexual eram aspectos comuns da vida de muitas mulheres condenadas como bruxas.

Como em *Calibã e a bruxa*, reitero que as mulheres foram o principal alvo dessa perseguição, uma vez que foram elas as mais severamente empobrecidas pela capitalização da vida econômica e que a regulação da sexualidade e da capacidade reprodutiva delas foi a condição para a construção de formas mais rígidas de controle. No entanto, três dos artigos que reuni questionam a visão de que as mulheres foram vítimas desse processo, enfatizando o medo que elas inspiraram nos homens que comandaram essas mudanças nos países e nas comunidades em que viviam. Sendo assim, os artigos de abertura desta coletânea – "Caças às bruxas, cercamentos e o fim das relações de propriedade comunal" e "A caça às bruxas e o medo do poder das mulheres" – destacam o medo das autoridades em relação à revolta e ao poder de encantamento das mulheres, ao passo que "Sobre o significado de '*gossip*'" acompanha a passagem da conotação positiva do sentido dessa palavra, que seria "amizade entre mulheres", para a negativa, que se refere à fala perversa, junto com a degradação paralela da posição social das mulheres, encabeçada pela caça às bruxas.

Os dois primeiros desses textos citados são apenas uma introdução a temas que exigem mais investigação e pesquisa. Entretanto, outras preocupações me forçaram a adiar um estudo mais completo. Meu retorno ao passado tem sido constantemente interrompido pela necessidade de compreender as causas da atual onda de violência contra as mulheres. Na segunda parte deste volume, esboço um mapa dessas novas formas de violência e investigo sua relação com as novas formas de acumulação capitalista. Esse é o tema de "Globalização, acumulação de capital e violência contra as mulheres", escrito originalmente para um fórum sobre feminicídio promovido em Buenaventura, Colômbia, em abril de 2016. A segunda parte também inclui um ensaio que escrevi em 2008 sobre o retorno da caça às bruxas em muitas regiões do mundo em conjunção com acontecimentos que prepararam o terreno para a globalização da economia mundial.

Mais de cinco séculos se passaram desde que a "bruxaria" apareceu nos códigos legais de muitos países europeus e as mulheres ditas bruxas se tornaram alvo de perseguição em massa. Hoje, na maioria dos países onde as mulheres são agredidas e assassinadas como bruxas, o governo não reconhece esse crime.

Ainda assim, encontramos nas raízes dessa nova perseguição muitos dos fatores que instigaram as caças às bruxas do séculos XVI e XVII, tendo como justificativas ideológicas a religião e a regurgitação de predisposições das mais misóginas.

Desde 2008, quando "Caça às bruxas, globalização e solidariedade feminista na África dos dias atuais" foi publicado pela primeira vez, cresceram os registros de assassinatos cometidos sob a alegação de bruxaria. Calcula-se que, apenas na Tanzânia, mais de 5 mil mulheres sejam assassinadas por ano como bruxas, algumas golpeadas com facões até a morte, outras enterradas ou queimadas vivas. Em alguns países, como a República Centro-Africana, as prisões estão cheias de mulheres acusadas de serem bruxas e, em 2016, mais de cem delas foram executadas. Elas foram queimadas vivas por soldados rebeldes que, seguindo os passos de perseguidores de bruxas no século XVI, transformaram as acusações em negócio, forçando as pessoas, sob a ameaça de execução iminente, a lhes remunerarem.

Na Índia, o assassinato de bruxas é igualmente desenfreado – ainda mais em "terras tribais", como o território dos adivasi, onde estão em curso processos de privatização de terra em larga escala. E o fenômeno está se expandindo. Temos relatos, atualmente, de assassinatos de bruxas no Nepal, na Papua Nova Guiné e na Arábia Saudita. O Estado Islâmico também executou "bruxas". Assim como no século XVI, a tecnologia contribui para a perseguição. Hoje, imagens de assassinatos de bruxas podem ser baixadas da internet, assim como manuais que indicam como reconhecer uma bruxa. Também há relatos de que, entre autodenominados perseguidores de bruxas dos tempos atuais, alguns usam computadores para "desmascarar" seus alvos!

No que diz respeito a 2008, entretanto, uma importante mudança foi o crescimento da resistência das mulheres contra essas novas caças às bruxas. Sobretudo na Índia, algumas mulheres se mobilizam, indo de aldeia em aldeia refutar boatos sobre a existência de bruxas propagados por autoridades locais ou perseguidores de bruxas e outros agressores mais ou menos escusos. Outras pessoas coletam provas e pressionam as autoridades, que muitas vezes não têm interesse em processar os responsáveis pelos assassinatos. Notícias sobre as novas caças às bruxas também têm se espalhado lentamente pelos Estados Unidos, com atenções voltadas, até o momento, para os campos de bruxas que existem no norte de Gana, onde centenas de mulheres se refugiam, forçadas a um exílio permanente por pessoas de suas comunidades, incluindo familiares. Embora sejam predominantemente jornalísticos nos relatos, livros e documentários produzidos sobre esse tema reconhecem a relação entre esses novos ataques contra as mulheres e as mudanças promovidas pela neoliberalização das economias africanas, o que, em muitos aspectos, representa um processo de recolonização. Entretanto, até o momento, a reação às descobertas tem sido silenciada.

É recomendável analisar as novas caças às bruxas, assim como outras formas recentes de violência contra as mulheres. E isso exige um esforço amplo e demorado, já que agora esses fenômenos têm dimensão global. Para impulsionar esse projeto, criamos um site em que iniciativas similares podem ser reunidas a fim de compartilhar e difundir informações não apenas sobre formas atuais de punição, mas também sobre formas de resistência hoje*.

---

* Criado em Nova York, disponível em: ‹feministresearchonviolence.org›; acesso em: 21 ago. 2019. (N. E.)

Em consonância com a resistência, concluo esta introdução mencionando mais um fator que motiva meu desejo de refletir sobre o passado e o presente da caça às bruxas: o uso comercial, turístico, das caças às bruxas em diferentes localidades europeias. Cidades onde ocorreram julgamentos e perseguições famosos, que levaram dúzias de mulheres à execução, exibem hoje, em lojas e mais lojas, bonecas que representam bruxas. De modo grotesco, essas localidades reproduzem os estereótipos criados pelos caçadores de bruxas e que levaram milhares de mulheres à morte. Em pratos, toalhas e xícaras de café, bem como nas muitas bonecas à venda para turistas, certa ideologia e uma história distorcida são disseminadas e acabam formando o imaginário das novas gerações. Indiferentes aos danos que isso pode causar, as pessoas que comercializam essa história fabricada continuam a exibir tais itens deploráveis porque, como alguém que trabalha com esses artigos me disse, em resposta a um protesto meu, "é vendável". No entanto, isso também é possível porque, com raras exceções[1], governos europeus e representantes da classe política ou da Igreja não reconheceram o grande crime cometido por seus predecessores contra as mulheres. Nem uma efeméride, como o "Dia da Lembrança", foi incluída no calendário europeu para nos fazer recordar os massacres de bruxas. Ao contrário: em alguns países, a queima de bruxas entrou para a cultura popular,

---

[1] Uma exceção é a Noruega, onde, em 2000, o município de Vardo decidiu construir um monumento para as vítimas dos julgamentos por bruxaria realizados em Finnmark. A tarefa foi dada ao arquiteto suíço Peter Zumthor e à artista franco-estadunidense Louise Bourgeois, que construíram dois pavilhões diferentes. O de Bourgeois tem a forma de uma cadeira em chamas. "Entre 1600 e 1692, nada menos que 135 pessoas foram julgadas por bruxaria em Finnmark. Dessas, 91 foram levadas à morte após 'confissões' sob tortura. A maioria delas eram mulheres; 18% eram homens." Line Ulekleiv (ed.), *Steilneset Memorial: To the Victims of the Finnmark Witchcraft Trials* (Oslo, Forlaget, 2011).

como mostra a canção (Capítulo 1 deste volume) entoada em todas as fogueiras da Dinamarca na véspera do dia de São João. Por esse motivo, e pelos que já foram mencionados, não podemos deixar a história das bruxas ser sepultada no silêncio, a menos que seja nossa vontade que o destino que elas tiveram se repita, como já está acontecendo em muitas partes do mundo.

Denunciar o comércio do corpo e da morte de mulheres a fim de incentivar o turismo é apenas o primeiro passo. Outros serão necessários para garantir que as pessoas que hoje lucram com a venda de uma imagem degradante das mulheres, uma imagem que ignora o sangue derramado e a dor causada, retirem de suas prateleiras bonecas, canecas e toalhas que ostentam imagens de bruxas feias e velhas que riem sadicamente.

Silvia Federici
Nova York, agosto de 2017

Parte um

Revisitando a acumulação primitiva do capital e a caça às bruxas na Europa

Midsommervisen "Vi elsker vort land"[1]
Canção de verão "Amamos nosso país"

De tre første vers, som normalt synges ved bålfester
Primeiros três versos normalmente cantados em festas ao
redor de fogueiras

Texto: Holger Drachmann, 1885
Música: P. E. Lange-Muller, 1885

Vi elsker vort land,
Amamos nosso país
når den signede jul
quando o Natal abençoado

---

[1] A canção de verão "Amamos nosso país" foi trazida a meu conhecimento pelas mulheres de um encontro feminista em Copenhague, as quais também providenciaram a tradução para o inglês. A leitura provocou uma discussão importante sobre os efeitos da domesticação da figura da bruxa e do ocultamento do extermínio de milhares de mulheres na história e na cultura europeias. Na Dinamarca, os julgamentos de bruxas aconteceram principalmente no século XVII, com o auge entre 1617 e 1625, quando, em oito anos, houve 297 julgamentos, a mais alta concentração em qualquer país da Europa. Lá também, a maioria das acusações era contra mulheres. Jens Christian V. Johansen, "Denmark: The Sociology of Accusations", em Bengt Ankarloo e Gustav Henningsen (eds.), *Early Modern European Witchcraft: Centres and Peripheries* (Oxford, Clarendon, 1992), p. 339-66.

tænder stjernen i træet med glans i hvert øje,
    a estrela na árvore ilumina, com uma centelha em cada olhar,
når om våren hver fugl,
    quando, na primavera, cada pássaro,
over mark, under strand,
    sobrevoando o campo, mergulhando na praia,
lader stemmen til hilsende triller sig bøje:
    solta a voz em um canto de louvor:
vi synger din lov over vej, over gade,
    cantamos sua justiça pelas estradas, pelas ruas,
vi kranser dit navn, når vor høst er i lade,
    coroamos seu nome, quando nossa colheita está no celeiro,
men den skønneste krans,
    mas a mais bela coroa
bli'r dog din, Sankte Hans!
    será vossa, São João!
Den er bunden af sommerens hjerter,
    Ela está unida pelos corações do verão,
så varme så glade.
    tão calorosos e tão alegres.

Vi elsker vort land,
    Amamos nosso país,
men ved midsommer mest,
    mas no auge do verão mais que nunca,
når hver sky over marken velsignelsen sender,
    quando cada nuvem sobre o campo envia bênçãos,
når af blomster er flest,
    quando são muitas as flores,

og når kvæget i spand
   e o gado, sob o aguaceiro,
giver rigeligst gave til flittige hænder;
   enche de dádivas as mãos laboriosas,
når ikke vi pløjer og harver og tromler,
   quando não aramos nem colhemos,
når koen sin middag i kløveren gumler,
   quando a vaca rumina sua refeição no pasto de trevos,
da går ungdom til dans
   quando a juventude sai para dançar
på dit bud, Sankte Hans
   sob vosso comando, São João,
ret som føllet og lammet, der frit
   como o potro e o cordeiro que, livres,
over engen sig tumler.
   cambaleiam pelo campo.

Vi elsker vort land,
   Amamos nosso país
og med sværdet i hand
   e com espada em punho
skal hver udenvælts fjende beredte os kende,
   cada inimigo estrangeiro há de nos reconhecer,
men mod ufredens ånd
   mas, contra o espírito de rivalidade,
under mark, over strand,
   abaixo da terra, sobre as águas da praia,
vil vi bålet på fædrenes gravhøje tænde
   acenderemos a fogueira nas sepulturas vikings de nossos pais.

hver by har sin heks,

    Toda cidade tem sua bruxa,

og hver sogn sine trolde.

    e toda paróquia, seus trolls.

Dem vil vi fra livet med glædesblus holde

    Tiraremo-lhes a vida com a fogueira da alegria,

vi vil fred her til lands

    queremos paz neste país.

Sankte Hans, Sankte Hans!

    São João, São João!

Den kan vindes, hvor hjerterne

    E ela pode ser conquistada onde os corações

aldrig bli'r tvivlende kolde.

    nunca, de dúvida, arrefecem*.

---

* Texto em inglês, que serviu de base à tradução presente neste volume: *We love our country/ when the blessed Christmas/ lights the star in the tree with a sparkle in each eye./ When in spring every bird,/ over field, under beach,/ lets it voice in singing greetings:/ we sing thy law over road, over street,/ we wreath thy name, when our harvest is in the shed,/ but the most beautiful wreath,/ will be yours, St. John!/ It is tied by the hearts of the summer,/ so warm and so happy./ We love our Country,/ but at midsummer most,/ when every cloud over the field sends the blessing,/ when flowers are most,/ and the cattle in bucket/ gives plenty of gifts to industrious hands,/ when we don't plow and harvest,/ when the cow munches its dinner in the clover field,/ then youth go dancing/ on your command, St. John/ as the foal and the lamb, which freely/ tumble across the field./ We love our country/ and with sword in hand/ will every outlandish enemy know us,/ but against the spirit of strife/ under field, over beach,/ we will light the fire on the Viking graves of our fathers/ every town has its witch/ and every parish its trolls./ We will keep them from life with the fire of joy/ we want peace in this country/ St. John, St. John!/ It can be won where the hearts/ never gets doubtfully cold.* (N. T.)

2

Por que falar outra vez em caças às bruxas?*

Por que deveríamos trazer de novo à tona o assunto caças às bruxas? "De novo", porque, em anos recentes, estudiosas feministas retiraram as caças às bruxas do limbo histórico a que estavam confinadas e atribuíram a elas um lugar apropriado na história das mulheres da Europa moderna e das Américas.

Barbara Ehrenreich e Deirdre English, Mary Daly e Carolyn Merchant[1], entre outras, mostraram como a caça às bruxas serviu para privar as mulheres de suas práticas médicas, forçou-as a se submeterem ao controle patriarcal da família nuclear e destruiu um conceito holístico de natureza que, até a Renascença, impunha limites à exploração do corpo feminino.

---

* Este artigo foi escrito no fim dos anos 1990, como primeira versão da introdução de *Calibã e a bruxa: mulheres, corpo e acumulação primitiva* (trad. Coletivo Sycorax, São Paulo, Elefante, 2017 [2004]).

[1] Mary Daly, *Gyn/Ecology: The Methaethics of Radical Feminism* (Boston, Beacon, 1978); Barbara Ehrenreich e Deirdre English, *Witches, Midwives, and Nurses: A History of Women Healers* (Nova York, Feminist, 1973); Carolyn Merchant, *The Death of Nature: Women, Ecology and the Scientific Revolution* (São Francisco, Harper & Row, 1983).

Mais que isso. Sob a influência da *nouvelle histoire* [nova história], os arquivos das aldeias foram reabertos e caixas de documentos empoeirados foram reexaminadas, deixando à disposição um retrato mais detalhado de centenas de julgamentos.

Por que, então, revolver as cinzas, em especial se não estamos preparadas para trazer à tona novos fatos relacionados aos atuais esquemas interpretativos?

Um dos motivos é existirem aspectos estruturais importantes na caça às bruxas dos séculos XVI e XVII que ainda precisam ser analisados e situados no contexto sócio-histórico apropriado. A maioria das historiadoras e dos historiadores da caça às bruxas, mesmo entre profissionais de maior motivação política, se restringe às análises sociológicas: quem eram as bruxas? De que foram acusadas? Onde e como foram punidas? Ou, então, considera a caça às bruxas a partir de um ângulo limitado: o nascimento da profissão médica, o desenvolvimento de uma perspectiva mecânica do mundo, o triunfo de uma estrutura estatal patriarcal, e assim por diante.

O que continua não reconhecido é que, como o comércio escravista e o extermínio de povos indígenas no "Novo Mundo", *a caça às bruxas se coloca na encruzilhada de um aglomerado de processos sociais que prepararam o caminho para o surgimento do mundo capitalista moderno*. Assim, há muito a ser aprendido a partir da caça às bruxas no que diz respeito às precondições para o salto capitalista.

O estudo da caça às bruxas nos leva a reavaliar a crença arraigada de que, em certo momento, o desenvolvimento do capitalismo foi portador de progresso social – uma crença que, no passado, levou muitas pessoas "revolucionárias" a lamentarem a ausência de uma "autêntica acumulação capitalista" em grande parte do antigo mundo colonial. No entanto, se minha interpretação estiver correta, torna-se possível uma compreensão histórica diferente, segundo a qual a população africana escravizada, as comunidades camponesas expropriadas na África e na América Latina e os povos indígenas massacrados na América do Norte seriam parentes próximos das bruxas europeias dos séculos XVI e XVII – estas, assim como esses grupos, tiveram suas terras comuns confiscadas, vivenciaram a fome produzida pela mudança para a agricultura comercial e viram sua resistência ser perseguida como sinal de um pacto diabólico.

Pode-se objetar, contudo, que prova temos de uma relação entre a mulher que foi queimada viva ou que ergueu sua forquilha para o coletor de impostos e a lógica de um sistema que, em fase inicial, dificilmente teria obtido unificação da consciência, quanto mais um plano orquestrado. Como é possível enxergar, nas sangrentas disputas que aconteceram nas aldeias e levaram muitas mulheres às câmaras de tortura, a indicação de uma nova ordem econômica da qual nenhum grupo protagonista fazia ideia? Não deveríamos, então, nos restringir às micro-histórias que, em uma abordagem programática, isolam os acontecimentos das aldeias de qualquer relação com as estruturas sociais dominantes?

Pode parecer um caminho prudente. No entanto, restringir o campo causal só faz surgirem novas questões. Por exemplo: por que testemunhamos, no mundo moderno, uma onda de práticas patriarcais e misóginas por iniciativa da mesma burguesia, que, muitas vezes, é reconhecida como agente da emancipação das mulheres? E qual é a relação entre o surgimento da profissão médica e a ascensão do mecanismo filosófico e científico? Não seria necessária uma causa subjacente mais ampla, que associasse e explicasse essas diferentes correlações?

O caminho que adotei foi o de responder a essas perguntas. Em meu trabalho, a caça às bruxas é interpretada como um dos aspectos da "Grande Transformação" que conduziu à instituição do capitalismo na Europa. As evidências, é verdade, são circunstanciais, mas nenhum fenômeno histórico significativo pode ser "explicado" sem que se faça referência ao campo contextual, bem como a sua dinâmica interna.

Um exemplo atual pode esclarecer esse ponto. Na ausência da farta provisão de registros que provavelmente transmitiremos às futuras gerações, historiadoras e historiadores que estudarem os anos 1980 e 1990 nos Estados Unidos podem ficar desnorteados com a coexistência de um desenvolvimento tecnológico sem precedentes e o retorno de fenômenos comumente associados ao "subdesenvolvimento" ou a uma época anterior da acumulação primitiva: a população de rua, o confinamento em grande escala da população negra nas prisões, que tem como modelo a "Grande Internação" do século XVI, o analfabetismo generalizado, a disseminação da violência anônima e uma ampla configuração de desintegração social. Então, como provar que a expansão capitalista que conduziu à revolução dos computadores foi responsável pelo retorno a formas de vida que evocam o "Século do Ferro"?

Muitas evidências circunstanciais seriam necessárias. Nem inúmeras entrevistas com funcionários de governo e diários de jovens gênios da computação, por exemplo, ou o trabalho de intelectuais que se engajassem na "desconstrução" de textos literários ou na aclamação da era do "discurso pós-moderno" seriam suficientes. Seria preciso estudar as políticas habitacionais, associar a elevação do preço dos aluguéis à desarticulação do cinturão industrial dos Estados Unidos, deduzir disso um salto na acumulação que levaria ao desenvolvimento de um novo saber tecnológico e à pauperização de amplos setores da classe trabalhadora, inferir as tensões que isso produziria e ouvir os discursos de políticos empenhados em atacar o bem-estar social como perversão dos objetivos sociais e divinos. Mesmo com tudo isso, tais esforços ainda poderiam ser enfrentados com ceticismo, exatamente como são hoje. A caça às bruxas, então, também deve ser resgatada do isolamento da aldeia e colocada em perspectiva. Precisa ser examinada em continuidade com outros acontecimentos e processos que tiveram desdobramentos nos níveis da aldeia e da nação. É isso que espero que meu trabalho tenha realizado.

3

Caças às bruxas, cercamentos e o fim das relações de propriedade comunal

Este capítulo sustenta que os cercamentos de terras ingleses e, de maneira mais ampla, o surgimento do capitalismo agrário a partir do fim do século XV na Europa oferecem um pano de fundo social relevante para compreender a produção de muitas das acusações contemporâneas de prática de bruxaria e a relação entre caça às bruxas e acumulação de capital. Vou esclarecer, adiante, em que sentido uso o conceito de cercamento. Por ora, desejo enfatizar que os cercamentos de terras não explicam a totalidade das caças às bruxas, passadas ou atuais. Concordo com a visão predominante de que a caça às bruxas exige uma explicação multicausal, embora eu atribua todas as suas causas subjacentes ao desenvolvimento das relações capitalistas. Também não quero sugerir que a relação que estabeleço entre cercamento de terras e caça às bruxas seja determinante. A privatização da terra só produz perseguição às "bruxas" sob condições históricas específicas. Entretanto, parece haver uma relação singular entre o desmantelamento dos regimes comunitários e a demonização de integrantes das comunidades afetadas que transforma a caça às bruxas em um instrumento efetivo de privatização econômica e social. Identificar essa relação singular é parte do objetivo deste capítulo.

Os cercamentos foram um fenômeno inglês pelo qual a classe proprietária de terras e membros abastados da classe camponesa cercaram terras comuns, colocando fim aos direitos consuetudinários e desalojando a população de agricultores e colonos que delas dependiam para sobreviver. Esse não foi o único meio pelo qual aconteceu a privatização de terras. O mesmo processo de expulsão do campesinato e de comercialização da terra ocorreu na França e em outras partes da Europa ocidental por meio, por exemplo, da elevação tributária. Entretanto, concentro-me nos cercamentos ingleses porque estes demonstram mais claramente como a comercialização da terra e o crescimento das relações monetárias afetou, de formas diferentes, mulheres e homens. No uso que faço aqui, os cercamentos incluíam ocupação da terra, introdução de aluguéis extorsivos e novas formas de tributação. Em todos os modelos, porém, esse foi um processo violento, que provocou profunda polarização no que tinham sido, até então, comunidades estruturadas com base em vínculos recíprocos. O fato de que não foi apenas quem possuía terras, mas também as pessoas mais abastadas do campesinato, que ergueu as barreiras (forma comum de demarcação de fronteiras) intensificou as hostilidades produzidas pelos cercamentos, na medida em que agentes e vítimas de cercamentos se conheciam, passavam pelos mesmos caminhos e estabeleciam múltiplos relacionamentos e na medida em que o medo que consumia essas pessoas foi alimentado pela proximidade da vida delas e a possibilidade de retaliação.

Que indícios temos de que o cercamento de terras foi essencial na produção de caças às bruxas?

A resposta é que a maioria dos indícios é circunstancial. Em nenhum dos julgamentos de que temos registros as mulheres acusadas foram descritas como vítimas de expropriação. Sabe-se, no entanto, que na Inglaterra, assim como no restante da Europa, as caças às bruxas foram um fenômeno predominantemente rural e, como tendência, afetaram regiões em que a terra havia sido cercada. Embora depois tenha retratado sua afirmação, em *Witchcraft in Tudor and Stuart England* [Bruxaria na Inglaterra dos Tudor e dos Stuart], Alan Macfarlane havia demonstrado que os mapas dos julgamentos de bruxas e dos cercamentos coincidiam, sendo que a principal região de perseguição foi o condado de Essex, onde as terras tinham sido cercadas pelo menos um século antes da caça às bruxas[1]. Os cercamentos também aconteceram em Lancashire, em especial próximo à floresta de Pendle, local de um dos mais sangrentos processos por bruxaria, em 1612. A lembrança desse cercamento refletiu no nome da aldeia onde algumas das bruxas executadas foram interrogadas pela primeira vez, apropriadamente chamada de "Fence" [cerca].

Considerações cronológicas também são importantes. Elas mostram que, na Inglaterra, os julgamentos de bruxas não começaram antes do século XVI, que atingiram o auge no XVII e que ocorreram em sociedades em que as relações econômicas e sociais eram reformuladas pela crescente importância do mercado

---

[1] Alan Macfarlane, *Witchcraft in Tudor and Stuart England: A Regional Comparative Study* (Nova York, Harper & Row, 1970).

e nas quais a pauperização e o aumento das desigualdades eram desenfreados, tornando-se assustadores no período de 1580 a 1620, quando, sob o impacto da prata que chegava da América do Sul o preço de grãos e outros produtos agrícolas começou a subir.

As mulheres mais velhas foram as mais afetadas por esses acontecimentos, pois a combinação de alta de preços e perda de direitos consuetudinários as deixou sem ter de onde tirar o sustento, ainda mais se fossem viúvas ou não tivessem filhos e filhas com capacidade ou disposição para ajudá-las. Na economia rural da sociedade senhorial inglesa, em geral viúvas e pobres tinham subsistência garantida.

Como Keith Thomas escreveu em *Religion and the Decline of Magic* [Religião e declínio da magia],

> o antigo sistema senhorial fez muito para atender às necessidades de viúvas e pessoas idosas por meio de um sistema interno de auxílio a pobres. A viúva desfrutava do direito de *freebench*, isto é, da transmissão de uma parcela da propriedade de seu antigo marido, que ia de um quarto à totalidade, de acordo com o costume senhorial local. Se ela fosse incapaz de realizar o cultivo sozinha, poderia entregá-la a um membro mais jovem da família em troca da garantia de sustento [...]. Também havia diversos privilégios consuetudinários locais para pobres, variando do direito a três dias de colheita antes que o restolho fosse destinado à pastagem [...] até a permissão para dormir na igreja caso não tivessem outro alojamento.[2]

Peter Linebaugh também demonstrou que, desde a Carta Magna, e em especial da Carta da Floresta, de 1215, era garantido o direito

---

[2] Keith Thomas, *Religion and the Decline of Magic* (Nova York, Charles Scribner's Sons, 1971), p. 562.

da viúva a "itens de primeira necessidade", isto é, a alimentos, lenha e subsistência[3]. No entanto, com a perda dos direitos consuetudinários, isso também foi perdido quando a Reforma e o novo espírito comercial proibiram a oferta e o recebimento de caridade, sendo que pedir esmola na Inglaterra só era permitido sob licença concedida pelos juízes de paz.

Não surpreende que muitas das supostas bruxas fossem mulheres pobres, que sobreviviam pedindo esmola de porta em porta ou viviam dos "impostos para pobres"*, como foi chamado o primeiro sistema de bem-estar social introduzido na Inglaterra. Até mesmo os crimes imputados a elas demonstram que faziam parte de uma população camponesa que não tinha mais acesso à terra nem a direitos consuetudinários, e seria de esperar que se ressentissem das posses da vizinhança, a começar pelos animais, que podiam pastar em terras que já tinham sido comuns. É significativo que pelo menos um terço das acusações registradas por C. L'Estrange Ewen relativas ao Home Circuit** entre 1563 e 1603 envolvesse o encantamento de porcos, vacas, garanhões, cavalos castrados e éguas, muitos deles até a morte[4]. Como escrevi em *Calibã e a bruxa*, a pobreza das "bruxas" era registrada nas acusações, já que era dito que o diabo ia até elas em épocas

---

[3]   Peter Linebaugh, *The Magna Carta Manifesto: Liberties and Commons for All* (Berkeley, University of California Press, 2008), p. 29 e 39-40.

*   No original, *poor rates*, impostos que incidiam sobre a propriedade e eram destinados ao alívio da pobreza. (N. T.)

**   Home Circuit era a designação de uma das varas cíveis da Inglaterra que compreendia os condados ingleses ao redor de Londres (Kent, Essex, Surrey, Sussex, Hertfordshire). O juiz percorria o circuito periodicamente para tratar dos casos de cada localidade. (N. T.)

[4]   C. L'Estrange Ewen, *Witch-Hunting and Witch Trials: The Indictments for Witchcraft from the Records of 1373 Assizes Held for the Home Circuit AD 1559-1736* (Londres, Kegan Paul, Trench, Trubner & Co., 1929).

de necessidade e lhes prometia que, a partir daquele momento, "nunca mais precisariam sofrer privações", supostamente oferecendo "carne, roupas, dinheiro" e a quitação de suas dívidas[5].

A pobreza, no entanto, não era a causa imediata das acusações de bruxaria

Dois outros fatores contribuíam para a produção de uma bruxa. Primeiro, as bruxas não eram apenas vítimas. Eram mulheres que resistiam à própria pauperização e exclusão social. Ameaçavam, lançavam olhares reprovadores e amaldiçoavam quem se recusava a ajudá-las; algumas se tornavam inconvenientes, aparecendo de repente, e sem serem convidadas, na soleira de vizinhas e vizinhos que viviam em melhor situação ou realizando tentativas inadequadas de se tornarem aceitas ao oferecer presentinhos para as crianças. As pessoas que as processavam acusavam-nas de ser encrenqueiras, de ter língua ferina, de armar confusão entre a vizinhança – acusações que historiadoras e historiadores muitas vezes acataram. Podemos, porém, questionar se, por trás das ameaças e das palavras maldosas, não deveríamos captar um ressentimento nascido da raiva pela injustiça sofrida, uma forma de rejeitar a marginalização.

Aos fatores econômicos no segundo plano da acusação de bruxaria devemos acrescentar a política institucional cada vez mais misógina que confinava as mulheres a uma posição social de subordinação em relação aos homens e que punia com severidade, como subversão da ordem social, qualquer afirmação

---

[5]   Ver Keith Thomas, *Religion and the Decline of Magic*, cit., p. 520.

de independência de sua parte e qualquer transgressão sexual. A "bruxa" era uma mulher de "má reputação", que na juventude apresentara comportamento "libertino", "promíscuo". Muitas vezes, tinha crianças fora do casamento e sua conduta contradizia o modelo de feminilidade que, por meio do direito, do púlpito e da reorganização familiar, fora imposto à população feminina da Europa durante esse período. Às vezes era curandeira e praticante de várias formas de magia que a tornavam popular na comunidade, mas isso cada vez mais a assinalava como perigo à estrutura de poder local e nacional em sua guerra contra todas as formas de poder popular. Não tem relevância aqui se seus remédios apresentavam qualquer eficácia, possivelmente baseada no conhecimento empírico das propriedades de ervas e plantas, ou se eram placebos produzidos por feitiços e encantamentos.

O fato de que o povo tentou influenciar o curso dos acontecimentos por meio de feitiçaria e outras práticas duvidosas era ameaça suficiente em uma época em que os cercamentos incitavam revoltas e transformavam agricultores e agricultoras em errantes e pedintes que, de forma plausível, ansiavam por virar o mundo de cabeça para baixo e que as mulheres participaram de muitos protestos, arrancando as cercas que, então, circundavam as propriedades comuns[6]. Na figura da bruxa as autoridades puniam, ao mesmo tempo, a investida contra a propriedade privada, a insubordinação social, a propagação de crenças mágicas, que pressupunham a presença de poderes que não podiam controlar, e o desvio da norma sexual que,

---

[6] Sobre a participação das mulheres nas lutas contra os cercamentos, ver Silvia Federici, *Calibã e a bruxa: mulheres, corpo e acumulação primitiva* (trad. Coletivo Sycorax, São Paulo, Elefante, 2017 [2004]), p. 143-4.

naquele momento, colocava o comportamento sexual e a procriação sob domínio do Estado.

Continua desconcertante o fato de que o diabo precisasse ser convocado para justificar a operação, a menos que consideremos que, pela demonização das bruxas, as formas de comportamento toleradas ou vistas como normais no passado poderiam ser convertidas em odiosas e assustadoras aos olhos de uma população mais ampla de mulheres, para as quais a morte dessa figura servia como lição sobre o que esperar caso seguissem o mesmo caminho. Realmente, muitas mulheres aprenderam a lição e, à medida que a caça às bruxas avançou, essas mulheres também contribuíram para as acusações. Ainda assim, elas quase nunca denunciavam as suspeitas de bruxaria de forma direta; ao contrário, desempenhavam "papel passivo", sendo forçadas pelos homens – que, em geral, iniciavam os procedimentos legais – a testemunhar[7].

Talvez seja por meio desse confronto que dispunha mulheres contra mulheres que descobrimos o segredo da perseguição das bruxas e sua relação singular com a destruição da propriedade comunitária de terras.

Hoje está em voga entre profissionais de história supor que aquelas que foram assassinadas não eram vítimas inocentes de uma terrível perseguição institucional, similar ao extermínio de hereges ou à perseguição nazista ao povo judeu na era moderna. Também nos dizem que algumas mulheres se orgulhavam de sua

---

[7]   Clive Holmes, "Women: Witnesses and Witches", *Past and Present*, 140, n. 1, ago. 1993, p. 54 e 58. Holmes relata que, "apesar de seu envolvimento numérico, as mulheres eram, em grande medida, agentes passivas no processo legal contra as bruxas", pois "a decisão efetiva de transmutar a suspeita da aldeia em prova oficial e de organizar os vizinhos e as vizinhas para isso era tomada por homens da localidade".

reputação de bruxa a fim de arrancar favores e recursos da vizinhança. Insinua-se que acusações como a de estragar produção de cerveja, encantar vaca ou causar a morte repentina de crianças não eram infundadas. Contudo, se houve, de fato, mulheres prontas a cometer tais atos, não deveríamos nos perguntar o que as levou a odiar com tamanha fúria algumas pessoas da vizinhança a ponto de tramar arruiná-las economicamente matando seus animais, atrapalhando seus negócios e causando-lhes tormentos insuportáveis? Como explicamos que tamanho ódio tenha surgido em aldeias onde, um século antes, a vida se organizara em torno de estruturas comunais e cujo calendário anual fora pontuado por festividades e celebrações coletivas? Ou a demonização da "bruxa" foi o instrumento dessas divisões, necessário exatamente para justificar a exclusão de indivíduos que, no passado, tinham sido considerados e se consideravam pessoas comuns?

Seja como for, junto com as "bruxas" foram eliminadas crenças e uma série de práticas sociais/culturais típicas da Europa rural pré-capitalista que passaram a ser vistas como improdutivas e potencialmente perigosas para a nova ordem econômica. Era um universo que hoje chamamos de supersticioso, mas que, ao mesmo tempo, nos alerta para a existência de outras possibilidades de relação com o mundo. Nesse sentido, temos de pensar nos cercamentos como um fenômeno mais amplo que a simples separação da terra por cercas. Devemos pensar em um cercamento de conhecimento, de nosso corpo, de nossa relação com as outras pessoas e com a natureza.

Outro aspecto que ainda precisa ser plenamente compreendido é como a caça às bruxas mudou nossa relação com os animais. Com a ascensão do capitalismo, desenvolveu-se um novo *éthos* social que prezava a capacidade de disciplinar e direcionar os desejos instintuais do indivíduo para o trabalho. À medida que o autocontrole se tornou sinal de humanidade, houve uma diferenciação mais profunda entre seres humanos e "bestas", o que implicou uma revolução cultural – consideremos que, antes do advento do capitalismo, presumia-se haver continuidade entre os mundos animal e humano, com os animais tidos como seres responsáveis e até mesmo dotados da capacidade de falar. Essa visão dos animais persistia em muitas partes da Europa ainda no século XVI, de modo que os cães, por exemplo, eram levados a julgamento por "crimes" que haviam cometido ou levados ao julgamento de seus donos, como testemunhas capazes de declarar a inocência ou a culpa destes[8].

Por volta do século XVII, estava em curso uma mudança drástica, a qual repercutiu na teoria de Descartes de que os animais são máquinas não sencientes. Ter animais de companhia era cada vez mais visto com suspeita, pois os animais eram retratados como a encarnação daquela instintividade incontrolável que o capitalismo devia reprimir para produzir trabalhadores disciplinados. Tocar em animais, fazer carinho neles e morar com eles, como fora norma nas regiões rurais, tornou-se comportamento tabu. Com a caça às bruxas, especialmente na Inglaterra, os animais foram demonizados devido à teoria de que o diabo oferecia a seu séquito ajuda diária na forma de animais domésticos, que serviam para levar a cabo os crimes das bruxas. Esses "familiares" eram uma prova da natureza irracional da "bruxa" e possivelmente de toda mulher.

---

[8] Ver Edward Payson Evans, *The Criminal Prosecution and Capital Punishment of Animals: The Lost History of Europe's Animal Trials* (Londres, William Heineman, 1906).

Por meio da caça às bruxas, portanto, um novo código social e ético foi imposto, e isso tornou qualquer fonte de poder independente do Estado e da Igreja suspeita de diabolismo e provocou o medo do inferno – o medo do mal absoluto sobre a terra. O fato de ter sido comumente assumido que a personificação do diabo era uma mulher teve profundas consequências para a condição das mulheres no mundo capitalista que a caça às bruxas ajudou a construir. Dividiu as mulheres. Ensinou a elas que, ao se tornarem cúmplices da guerra contra as "bruxas" e aceitarem a liderança dos homens quanto a isso, obteriam a proteção que as salvaria do carrasco ou da fogueira. Ensinou-as, acima de tudo, a aceitar o lugar a elas designado no desenvolvimento da sociedade capitalista, pois, uma vez que fosse aceito que poderiam se tornar servas do diabo, a suspeita de diabolismo acompanharia a mulher por todos os instantes de sua vida.

A caça às bruxas e o medo do poder das mulheres*

Ela está em pé, sozinha, ao pôr do sol, em um espaço vazio, segurando uma meada de fio azul que serpenteia ao redor dela até envolver um conjunto de casas que, assim, parecem quase uma extensão de seu corpo. *Trazando el camino* (1990) está entre as muitas pinturas que Rodolfo Morales, um dos melhores artistas do México no século XX, dedicou ao principal tema de sua obra: o corpo feminino como material e tecido social que mantêm a comunidade unida. A pintura de Morales é um contraponto à imagem da bruxa, como se, com seu olhar calmo e seu avental bordado, a mulher que a tela representa parecesse quase angelical. Ainda assim, algo mágico e sigiloso em relação a ela evoca a "conspiração" feminina que cobriu a Europa de sangue entre os séculos XV e XVIII, talvez oferecendo uma pista para alguns dos mistérios no centro dessa perseguição que historiadores e historiadoras ainda precisam solucionar.

---

* Versão revista de artigo originalmente publicado em *Documenta 13: The Book of Books* (Kassel, Hatje Cantz, 2012).

Por que as caças às bruxas foram dirigidas principalmente contra as mulheres? Como se explica que, ao longo de três séculos, milhares de mulheres se tornaram a personificação do "inimigo no meio de nós" e do mal absoluto? E como conciliar o retrato que inquisidores e demonólogos pintavam de suas vítimas como todo-poderosas, quase míticas – criaturas do inferno, terroristas, devoradoras de homens, servas do diabo que, enlouquecidas, percorriam os céus em cabos de vassoura –, com as figuras indefesas das mulheres reais que eram acusadas desses crimes e, então, terrivelmente torturadas e queimadas em fogueiras?

Uma resposta inicial a essa pergunta reconstitui a perseguição às "bruxas" desde os deslocamentos causados pelo desenvolvimento do capitalismo, em especial a desintegração das formas comunais de agricultura que predominavam na Europa feudal e a pauperização a que a ascensão da economia monetária e a expropriação de terras lançaram amplos setores das populações rurais e urbanas. Segundo essa teoria, as mulheres tiveram maior probabilidade de ser vitimizadas porque foram as mais "destituídas de poder" por essas mudanças, em especial as mais velhas, que, muitas vezes, se rebelavam contra a pauperização e a exclusão social e que constituíam a maioria das acusadas. Em outras palavras, as mulheres foram acusadas de bruxaria porque a reestruturação da Europa rural no início do capitalismo destruiu seus meios de sobrevivência e a base de seu poder social, deixando-as sem nenhum recurso além da dependência da caridade de quem estava em melhores condições. Isso em uma época de desintegração dos laços comunais e de cristalização de uma nova moralidade – que criminalizava o ato de pedir esmolas e desprezava a caridade, que no mundo medieval fora um caminho conhecido para a salvação eterna.

Essa teoria, expressa pela primeira vez por Alan Macfarlane em *Witchcraft in Tudor and Stuart England* [Bruxaria na Inglaterra dos Tudor e dos Stuart] (1970), certamente se aplica a muitos dos julgamentos de bruxas. Há, sem dúvida, uma relação direta entre vários casos de caça às bruxas e o processo dos "cercamentos", como demonstram a composição social dos grupos acusados, as acusações feitas contra eles e a caracterização comum da bruxa como mulher pobre e idosa que vivia sozinha, dependia de doações da vizinhança, ressentia-se amargamente de sua marginalização e, muitas vezes, ameaçava e amaldiçoava quem se recusava a ajudá-la e inevitavelmente a acusava de ser responsável por seus infortúnios. Essa descrição, entretanto, não explica como aquelas criaturas miseráveis inspiravam tanto medo. Também não justifica o fato de tantas entre as acusadas serem denunciadas por transgressões sexuais e crimes reprodutivos (como cometer infanticídio e causar impotência masculina); entre as condenadas, havia mulheres que tinham atingido certo grau de poder na comunidade trabalhando como curandeiras tradicionais e parteiras ou operando práticas mágicas, como localização de objetos perdidos e adivinhação.

Além da resistência à pauperização e à marginalização social, que ameaças as "bruxas" representavam aos olhos de quem planejava exterminá-las? Responder a essa pergunta exige que retomemos não apenas os conflitos sociais gerados pelo desenvolvimento do capitalismo, mas a transformação radical que isso causou em todos os aspectos da vida social, a começar pelas relações reprodutivas/de gênero que caracterizaram o mundo medieval.

O capitalismo nasceu de estratégias que a elite feudal – a Igreja e as classes proprietárias de terras e comerciantes – implementou em resposta às lutas do proletariado rural e urbano que, por volta do século XIV, colocou seu domínio em crise. Foi uma "contrarrevolução" não apenas sufocando com sangue as novas demandas por liberdade, mas virando o mundo de cabeça para baixo com a criação de um sistema de produção que exigia uma concepção diferente de trabalho, riqueza e valor que fosse útil às formas mais intensas de exploração. Desse modo, a classe capitalista foi, desde os primórdios, confrontada com um duplo desafio. Por um lado, teve de derrotar a ameaça representada pela plebe expropriada transformada em populações errantes, pedintes e trabalhadoras e trabalhadores sem-terra, prontos para se revoltarem contra as novas classes proprietárias, ainda mais no período entre 1550 e 1650, quando a inflação causada pela chegada do ouro e da prata provenientes do Novo Mundo "acelerava a um ritmo incontrolável", levando o preço dos alimentos às alturas enquanto, comparativamente, os salários diminuíam[1]. Naquele contexto, a presença, em muitas comunidades camponesas, de mulheres idosas ressentidas de sua condição deplorável, que iam de porta em porta resmungando palavras vingativas, certamente poderia ser temida como criadouro de tramas conspiratórias.

Por outro lado, como modo de produção que postula a "indústria" como principal fonte de acumulação, o capitalismo não podia se consolidar sem forjar um novo indivíduo e uma nova disciplina social que impulsionasse a capacidade produtiva do trabalho.

---

[1] Julian Cornwall, *Revolt of the Peasantry 1549* (Londres, Routledge & Kegan Paul, 1977), p. 19. Sobre o aumento do preço dos alimentos, ver também Joyce Oldham Appleby, *Economic Thought and Ideology in Seventeenth Century England* (Nova Jersey, Princeton University Press, 1978), p. 27; Alexandra Shepard, "Poverty, Labour and the Language of Social Description in Early Modern England", *Past Present* 201, n. 1, nov. 2008, p. 51-95.

Isso envolveu uma batalha histórica contra qualquer coisa que impusesse limite à plena exploração da mão de obra braçal, a começar pela rede de relações que ligava os indivíduos ao mundo natural, a outras pessoas e ao próprio corpo. O elemento-chave desse processo foi a destruição da concepção mágica de corpo vigente na Idade Média. Essa concepção atribuía ao corpo poderes que a classe capitalista não conseguia explicar, que eram incompatíveis com a transformação dos trabalhadores e das trabalhadoras em máquinas de trabalho e que podiam até intensificar a resistência das pessoas a esse processo. Eram poderes xamânicos que as sociedades agrícolas pré-capitalistas atribuíam a todos, ou a indivíduos específicos, e que, na Europa, sobreviveram apesar de séculos de cristianização – muitas vezes, inclusive, sendo assimilados aos rituais e às crenças do cristianismo.

É nesse contexto que o ataque às mulheres como "bruxas" deve ser situado. Devido a sua relação singular com o processo de reprodução, as mulheres, em muitas sociedades pré-capitalistas, foram reconhecidas por uma compreensão particular dos segredos da natureza, que as capacitava, supostamente, a proporcionar vida e morte e a descobrir as propriedades ocultas das coisas. Praticar magia (na condição de curandeiras, médicas tradicionais, herboristas, parteiras, criadoras de poções de amor) também foi, para muitas mulheres, uma fonte de emprego e, indubitavelmente, uma fonte de poder, embora as expusesse à vingança quando os remédios falhavam.

Esse é um dos motivos pelos quais as mulheres se tornaram os principais alvos da tentativa capitalista de construir uma concepção de mundo mais mecanizada. A "racionalização" do mundo natural – precondição de uma disciplina de trabalho mais organizada e da revolução científica – passava pela destruição da "bruxa". Até mesmo as indescritíveis torturas a que as mulheres acusadas foram submetidas adquirem significado diferente se as concebemos como forma de exorcismo contra seus poderes.

Também devemos repensar, nesse contexto, a descrição da sexualidade das mulheres como algo diabólico, a quintessência da "magia" feminina, que é central para a definição de bruxaria. A interpretação clássica desse fenômeno culpa a lascívia sexual do inquisidor e o sadismo nascido de uma vida reprimida e ascética. Contudo, embora a participação de eclesiásticos nas caças às bruxas fosse fundamental para a construção de sua estrutura ideológica, por volta dos séculos XVI e XVII, quando a caça às bruxas foi mais intensa na Europa, a maioria dos julgamentos de bruxas foi conduzida por magistrados leigos, pagos e estabelecidos por governos municipais. Assim, devemos nos perguntar o que a sexualidade feminina representava aos olhos da nova elite capitalista em virtude de seu projeto de reforma social e da instituição de uma disciplina de trabalho mais rigorosa.

Uma resposta preliminar, baseada nas regulações introduzidas na maior parte da Europa ocidental nos séculos XVI e XVII, referentes a sexo, casamento, adultério e procriação, é que a sexualidade feminina foi vista, ao mesmo tempo, como ameaça social e, quando direcionada apropriadamente, como poderosa força econômica. Como os Santos Padres da Igreja católica e os autores dominicanos de *Malleus maleficarum* [Martelo das bruxas] (1486)[2],

---

[2] Publicado em 1486 pelos dominicanos Heinrich Kramer e James Sprenger, que atuaram como inquisidores no sul da Alemanha, *Malleus maleficarum* foi uma das primeiras e mais influentes demonologias, tendo sido reimpresso muitas vezes nos duzentos anos seguintes. Como relata Joseph Klaits, entre 1481 e 1486, Kramer e Sprenger

a nascente classe capitalista precisou desprezar a sexualidade e o prazer femininos. Eros, atração sexual, sempre foi suspeito aos olhos das elites políticas, visto como força incontrolável. O relato de Platão sobre os efeitos do amor em *O banquete* apresenta uma dimensão ontológica dessa visão. O amor é o grande mágico, o demônio que une céus e terra e torna os seres humanos tão inteiros, tão completos em seu ser, que, uma vez unidos, não podem ser derrotados. Os Santos Padres, que no século IV d. C. foram ao deserto africano para escapar da corrupção da vida urbana e supostamente das tentações de Eros, tiveram de reconhecer seu poder, sendo atormentados por um desejo que só podiam imaginar como inspirado pelo diabo. Desde essa época, a necessidade de proteger a coesão da Igreja como clã masculino, patriarcal, e de impedir que sua propriedade fosse dissipada devido à fraqueza clerical diante do poder feminino levou o clero a retratar o sexo feminino como instrumento do diabo – quanto mais agradável para os olhos, mais mortal para a alma. Esse é o tema central de toda a demonologia, a começar por *Malleus maleficarum*, provavelmente o texto mais misógino já escrito. Fosse católica, protestante ou puritana, a burguesia emergente deu continuidade a essa tradição, mas com uma deformidade, já que a repressão do desejo feminino foi colocada a serviço de objetivos utilitários, como a satisfação das necessidades sexuais dos homens e, mais importante, a geração de mão de obra abundante. Uma vez que seu potencial subversivo foi exorcizado e interditado por meio da caça às bruxas, a

---

"presidiram quase cinquenta execuções por bruxaria na diocese de Constança". Joseph Klaits, *Servants of Satan: The Age of the Witch Hunts* (Bloomington, Indiana University Press, 1985), p. 44.

sexualidade feminina pôde ser recuperada, em um contexto matrimonial e para fins de procriação.

Comparada ao enaltecimento cristão da castidade e do ascetismo, a norma sexual instituída pela classe burguesa/capitalista – com a reintegração protestante do sexo na vida matrimonial, como "remédio para a concupiscência", e o reconhecimento de um papel legítimo para as mulheres na comunidade como esposas e mães – tem sido, muitas vezes, retratada como ruptura com o passado. No entanto, o que o capitalismo reintegrou na esfera do comportamento social aceitável para as mulheres foi uma forma de sexualidade dócil, domesticada, instrumental para a reprodução da força de trabalho e a pacificação da mão de obra. No capitalismo, o sexo só pode existir como força produtiva a serviço da procriação e da regeneração do trabalhador assalariado/masculino e como meio de pacificação e compensação social pela miséria da existência cotidiana. Típica dessa nova moralidade sexual burguesa foi a ordem de Martinho Lutero para que as freiras deixassem os conventos e se casassem, já que o casamento e a produção de uma prole abundante era, na visão dele, a satisfação da vontade de Deus pelas mulheres e sua "vocação máxima". "Deixem que elas deem à luz até morrerem", ele aparentemente declarou. "Elas foram criadas para isso."[3] Nenhuma autoridade política ou religiosa do século XVI expressou esse sentimento de maneira tão grosseira quanto Lutero, mas a limitação da sexualidade feminina ao casamento e à procriação, bem como a obediência incondicional da esposa, foram instituídas em todos os países – independentemente do credo religioso – como pilar da

---

[3] Merry Wiesner, "Women's Response to the Reformation", em Ronnie Po-Chia Hsia (ed.), *The German People and the Reformation* (Ithaca/Nova York, Cornell University Press, 1988), p. 151.

moralidade social e da estabilidade política. E, de fato, as "bruxas" não foram acusadas com tanta frequência de nenhum crime quanto foram denunciadas por "comportamento libertino", geralmente associado ao infanticídio e a uma hostilidade inerente em relação à reprodução da vida.

Fora desses parâmetros, fora do casamento, da procriação e do controle masculino/institucional, também para capitalistas, a sexualidade feminina foi historicamente representada como perigo social, ameaça à disciplina do trabalho, poder sobre as outras pessoas e obstáculo à manutenção das hierarquias sociais e às relações de classe. Esse foi o caso no século XVI, quando a conduta e as trocas sexuais entre mulheres e homens entrou em crise e emergiu um novo fenômeno, tanto nas cidades quanto nas áreas rurais, segundo o qual uma mulher não comprometida, morando sozinha, em geral praticava prostituição.

Não é surpresa que a acusação de perversão sexual fosse central nos julgamentos organizados por autoridades leigas, bem como naqueles iniciados e dirigidos pela inquisição. Aí também, sob a fantástica acusação de cópula com o diabo, encontramos o medo de que as mulheres enfeitiçariam os homens com sua "magia", submetendo-os a seu poder e inspirando neles tanto desejo a ponto de levá-los a esquecer todas as distâncias e as obrigações sociais. Esse foi o caso, de acordo com *Binding Passions* [Amarrando paixões] (1993), de Guido Ruggiero, das cortesãs de Veneza no século XVII, que conseguiram se unir em matrimônio com homens da nobreza, mas foram, então, acusadas de ser bruxas.

O medo da sexualidade descontrolada das mulheres explica a popularidade, nas demonologias, do mito de Circe, a lendária feiticeira que, com suas artes mágicas, transformava em animais os homens que a cobiçavam. E isso também explica as numerosas especulações, pelas mesmas demonologias, referentes ao poder das mulheres de moverem os homens com seus olhos sem tocá--los, simplesmente com a força de seu "charme" e seu "encantamento". Além disso, o "pacto" que as bruxas foram acusadas de fazer com o diabo, em geral envolvendo uma troca monetária, revela uma preocupação com a habilidade de as mulheres obterem dinheiro dos homens − e isso se faz presente na condenação por prostituição.

Dessa forma, não foram poupados esforços para retratar a sexualidade feminina como algo perigoso para os homens e humilhante para as mulheres, de modo a reprimir seu desejo de usar o próprio corpo para atraí-los. Nunca, ao longo da história, as mulheres foram submetidas a tão grande agressão, organizada internacionalmente, aprovada pelas leis, abençoada pelas religiões. Com base nas evidências mais frágeis, em geral nada além de uma denúncia, milhares foram detidas, desnudadas, tiveram o corpo totalmente depilado e, então, perfurado com longas agulhas por toda parte na busca da "marca do diabo", em geral na presença de homens − do carrasco aos notáveis e aos sacerdotes da localidade. E isso não representou, de forma alguma, o fim de seus tormentos. As crueldades mais sádicas já inventadas foram infligidas ao corpo da mulher acusada, que serviu de laboratório ideal para o desenvolvimento de uma ciência da dor e da tortura.

Como registrei em *Calibã e a bruxa*, a caça às bruxas instituiu um regime de terror contra todas as mulheres, do qual emergiu um novo modelo de feminilidade a que as mulheres tiveram de se conformar para serem socialmente aceitas durante o desenvolvimento da sociedade capitalista: a feminilidade assexuada, obediente, submissa, resignada à subordinação ao mundo masculino, aceitando como natural o confinamento a uma esfera de atividades que foram completamente depreciadas no capitalismo.

As mulheres foram aterrorizadas por acusações fantásticas, torturas terríveis e execuções públicas porque seu poder social – um poder que, aos olhos de seus perseguidores, era obviamente significativo, mesmo no caso das mulheres mais velhas – precisava ser destruído. Na verdade, as idosas podiam atrair as mais jovens para seus hábitos perversos e tendiam a transmitir conhecimentos proibidos, como aqueles referentes às plantas indutoras de aborto, e levar adiante a memória coletiva de sua comunidade. Como Robert Muchembled nos lembrou, as idosas eram as que se lembravam das promessas feitas, da fé traída, da extensão da propriedade (especialmente em terras), dos acordos consuetudinários e de quem foi responsável por violá-los[4]. Como o fio azul de *Trazando el camino*, indo de casa em casa, as mulheres idosas disseminavam histórias e segredos, amarrando paixões e entrelaçando acontecimentos passados e presentes. Desse modo, eram uma presença perturbadora, que inspirava medo na elite reformista de modernizadores empenhados em destruir o passado, controlar o comportamento das pessoas até mesmo em sua vida instintual e desfazendo relações e obrigações habituais.

Descrever as contestações terrenas das estruturas de poder que as mulheres realizaram como conspiração demoníaca foi um fenômeno que se repetiu várias vezes na história, inclusive em tempos atuais. A "caça às bruxas" macarthista contra o comunismo e a

---

[4] Robert Muchembled, *Culture populaire et culture des élites dans la France moderne (XVe-XVIIIe): Essai* (Paris, Flammarion, 1978).

"guerra contra o terror" recorreram a essa dinâmica. O exagero dos "crimes" a dimensões míticas para justificar punições terríveis é um meio eficaz de aterrorizar a sociedade, isolar as vítimas, desencorajar a resistência e fazer grande parte da população ter medo de se envolver em práticas que, até então, eram consideradas normais.

A bruxa foi a comunista e a terrorista de sua época, quando foi necessário um mecanismo "civilizador" para produzir uma nova "subjetividade" e uma nova divisão sexual do trabalho em que a disciplina capitalista da mão de obra viria a se apoiar. Na Europa, as caças às bruxas foram os meios pelos quais as mulheres se educaram em relação a suas novas obrigações sociais e a maneira pela qual uma grande derrota foi imposta às "classes baixas", que precisaram aprender sobre o poder do Estado para renunciar a qualquer forma de resistir a ele. Nas fogueiras não estavam apenas os corpos de "bruxas", destruídos; também estava todo um universo de relações sociais que fora a base do poder social das mulheres e um vasto conhecimento que elas haviam transmitido, de mãe para filha, ao longo de gerações – conhecimento sobre ervas, sobre meios de contracepção ou aborto e sobre quais magias usar para obter o amor dos homens.

Eis o que foi consumido em cada praça de aldeia juntamente com a execução das mulheres acusadas, que eram expostas em seu estado mais abjeto: presas por correntes de ferro e entregues ao fogo. Quando, em nossa imaginação, reproduzimos essa cena milhares de vezes, começamos a compreender o que a caça às bruxas significou para a Europa não apenas quanto às causas, mas também quanto aos efeitos.

5

Sobre o significado de "*gossip*"

Narrar a história das palavras que são frequentemente usadas para definir e degradar as mulheres é um passo necessário para compreender como a opressão de gênero funciona e se reproduz. A história do termo "*gossip*" [atualmente traduzido como "fofoca"] é emblemática nesse contexto. Por meio dela, podemos acompanhar dois séculos de ataques contra as mulheres no nascimento da Inglaterra moderna, quando uma expressão que usualmente aludia a uma amiga próxima se transformou em um termo que significava uma conversa fútil, maledicente, isto é, uma conversa que provavelmente semearia a discórdia, o oposto da solidariedade que a amizade entre mulheres implica e produz. Imputar um sentido depreciativo a uma palavra que indicava amizade entre as mulheres ajudou a destruir a sociabilidade feminina que prevaleceu na Idade Média, quando a maioria das atividades executadas pelas mulheres era de natureza coletiva e, ao menos nas classes baixas, as mulheres formavam uma comunidade coesa que era a causa de uma força sem-par na era moderna.

Traços do uso da palavra são frequentes na literatura do período. Derivada dos termos ingleses arcaicos *God* [Deus] e *sibb* [aparentado], "*gossip*" significava, originalmente, "*god parent*" [padrinho ou madrinha], pessoa que mantém uma relação espiritual com a criança a ser batizada. Com o tempo, entretanto, o termo passou a ser usado em sentido mais amplo. Na Inglaterra do início da era moderna, "*gossip*" se referia às companhias no momento do parto, não se limitando à parteira. Também se tornou um termo para amigas mulheres, sem conotação necessariamente depreciativa[1]. Em todo caso, a palavra tinha fortes conotações emocionais. Reconhecemos isso quando observamos a palavra em ação, denotando os laços a unir as mulheres na sociedade inglesa pré-moderna.

Encontramos um exemplo dessa conotação em um mistério do Ciclo de Chester* que sugere que "*gossip*" era um termo muito usado. Os mistérios eram uma produção dos membros da guilda que, ao criar e financiar essas encenações, tentavam reforçar seu prestígio social como parte da estrutura de poder local[2]. Dessa forma, estavam comprometidos com a preservação das formas de comportamento esperadas e com a sátira daquelas a ser condenadas. Criticavam as mulheres fortes, independentes, e em especial as relações com os maridos, pois – dizia a acusação – elas preferiam estar com as amigas. Como relata Thomas Wright em *A History of Domestic Manners and Sentiments in England during the Middle Ages* [Uma história de

---

[1] Segundo o *Oxford English Dictionary*, "conhecida próxima, amiga, camarada". Sustentado por referências de 1361 a 1873.

* O Ciclo de Chester era um conjunto de 26 dramas religiosos (mistérios, moralidades e milagres) característicos do teatro medieval, sendo que os mistérios, em especial, representavam passagens bíblicas. (N. T.)

[2] Nicole R. Rice e Margaret Aziza Pappano, *The Civic Cycles: Artisan Drama and Identity in Premodern England* (Indiana, University of Notre Dame Press, 2015).

costumes e sentimentos domésticos na Inglaterra durante a Idade Média] (1862)[3], os mistérios frequentemente as retratavam levando uma vida autônoma, muitas vezes "se reunindo com suas '*gossips*' em tavernas públicas para beber e se divertir". Dessa maneira, em um dos mistérios do Ciclo de Chester que representa Noé exortando pessoas e animais a entrar na arca, a esposa é apresentada sentada em uma taverna com suas "*gossips*", recusando-se a sair dali quando o marido a chama, mesmo com as águas subindo, "a menos que ela tenha permissão de levar as *gossips* consigo"[4]. Estas, segundo Wright relata, são as palavras que ela é levada a proferir pelo autor (claramente crítico) do mistério:

Sim, Senhor, hasteie sua vela
E avance sob a chuva malévola,
Porque, sem erro,
Não sairei desta cidade.
Tenho, porém, minhas *gossips*, todo mundo.
Não darei um passo além.
Elas não se afogarão, por São João,
E posso salvar suas vidas!
Elas me querem muito bem, por Cristo!
Mas as deixe entrar no seu barco,
Caso contrário, reme para onde quiser
E arranje uma nova mulher.[5]

---

[3]   Thomas Wright, *A History of Domestic Manners and Sentiments in England during the Middle Ages* (Londres, Chapman and Hall, 1862).

[4]   Sobre a peça de Noé no Ciclo de Chester, ver Nicole R. Rice e Margaret Aziza Pappano, *The Civic Cycles*, cit., p. 165-84.

[5]   Thomas Wright, *A History of Domestic Manners and Sentiments in England during the Middle Ages*, cit., p. 420-1. No original: "*Yes, Sir, set up your sail,/ And row forth with evil*

Na peça, a cena termina com um embate físico em que a mulher vence o marido.

"A taverna", observa Wright, "era o refúgio das mulheres das classes média e baixa, que se reuniam ali para beber e fofocar". Ele acrescenta: "Os encontros das *gossips* nas tavernas são temas de muitas das canções populares dos séculos XV e XVI, tanto na Inglaterra como na França"[6]. Como exemplo, ele cita uma canção, provavelmente de meados do século XV, que descreve um desses encontros. As mulheres, "tendo se encontrado por acaso", decidem ir para "onde há o melhor vinho", de duas em duas, para não chamarem atenção nem serem descobertas pelos maridos[7]. Assim que chegam, elas elogiam o vinho e reclamam sobre suas situações matrimoniais. Então, voltam para casa, por ruas diferentes, "dizendo aos maridos que tinham ido à igreja"[8].

A literatura de mistérios e moralidades pertence a um período de transição no qual as mulheres ainda mantinham um grau considerável de poder social, mas sua posição social nas áreas urbanas estava cada vez mais ameaçada, à medida que as guildas (que patrocinavam a produção das peças) começavam a excluí-las de seus quadros e a instituir novas fronteiras entre a casa e o espaço público. Não é de surpreender, portanto, que nelas as mulheres

---

hail,/ for without fail,/ I will not out of this town,/ But I have my gossips, everyone,/ One foot further I will not go./ They will not drown, by St. John/ And I may save their lives!/ They love me full well, by Christ!/ But you let them into your boat,/ Otherwise row now where you like/ And get yourself a new wife".

[6] Ibidem, p. 437-8.

[7] "Deus pode me mandar uma ou duas fustigadas", disse uma delas, "se meu marido me encontrar aqui". "Não", disse outra, Alice, "aquela que tem medo é melhor que vá para casa. Eu não tenho medo de homem nenhum". Ibidem, p. 438.

[8] Ibidem, p. 439.

fossem muitas vezes repreendidas e representadas como encrenqueiras, agressivas e prontas a lutar com os maridos. Típica dessa tendência era a representação da "batalha pelas calças", na
qual a mulher aparece como dominatrix – chicoteando o marido,
montada nas costas dele, em uma inversão dos papéis claramente
concebida para humilhar os homens ao permitir que as esposas
ficassem "no comando"[9].

Essas representações satíricas, expressões de um crescente
sentimento misógino, serviram à política das guildas que se em-
penhavam em se tornar domínios exclusivamente masculinos. No
entanto, a representação das mulheres como figuras fortes, assertivas, também captava a natureza das relações de gênero da época, pois nem nas áreas rurais nem nas urbanas as mulheres eram
dependentes dos homens para sobreviver; elas tinham as próprias
atividades e compartilhavam muito da vida e do trabalho com outras mulheres. Cooperavam umas com as outras em todos os aspectos. Costuravam, lavavam roupas e davam à luz cercadas por
outras mulheres – nesta última situação, os homens eram rigorosa-
mente excluídos dos aposentos da parturiente. Sua condição legal
refletia essa grande autonomia. Na Itália, no século XIV, elas ainda
podiam se dirigir independentemente à corte para denunciar um
homem se ele as agredisse ou molestasse[10].

No século XVI, entretanto, a posição social das mulheres havia começado a se deteriorar, e a sátira deu lugar ao que, sem

---

[9]   Sobre o ataque da esposa dominadora, ver David E. Underdown, "The Taming of
the Scold: The Enforcement of Patriarchal Authority in Early Modern England", em
Anthony Fletcher e John Stevenson (eds.), *Order and Disorder in Early Modern England*
(Cambridge, Cambridge University Press, 1986), p. 129.

[10]   Samuel K. Cohn, "Donne in piazza e donne in tribunale a Firenze nel rinascimento",
Studi Sorici 22, n. 3, jul.-set. 1981, p. 531-2.

exagero, pode ser descrito como uma guerra contra as mulheres, especialmente das classes baixas, que se refletia em um número cada vez maior de acusações por bruxaria e de agressões contra esposas tidas como "rabugentas" e dominadoras[11]. Além desse desdobramento, começamos a ver uma mudança no significado de "*gossip*", cada vez mais designando a mulher envolvida em conversas fúteis.

O sentido tradicional perdurou. Em 1602, quando Samuel Rowlands escreveu "Tis Merrie When Gossips Meete" [É divertido quando as *gossips* se encontram], peça satírica que descreve as horas que três mulheres de Londres passam em uma taverna falando sobre homens e casamento, a palavra ainda é usada para indicar amizades femininas, dando a entender que "as mulheres podiam criar suas próprias conexões sociais e seu próprio espaço social" e enfrentar a autoridade masculina[12]. Contudo, à medida que o século avançou, a conotação negativa da palavra predominou. Como mencionado, a transformação se deu em paralelo ao fortalecimento da autoridade patriarcal na família e à exclusão das mulheres dos ofícios e das guildas[13], o que, com o processo dos cercamentos, levou à "feminização da pobreza"[14]. Com a consolidação da família e da autoridade masculina em seu interior, representando o poder do

---

[11]   Ver David E. Underdown, "The Taming of the Scold", cit., p. 116-36.

[12]   Bernard Capp, *When Gossips Meet: Women, Family, and Neighbourhood in Early Modern England* (Oxford, Oxford University Press, 2003), p. 117.

[13]   A literatura sobre a exclusão das mulheres de ofícios e guildas na Inglaterra, bem como na França, na Alemanha e na Holanda, é extensa. Sobre a Inglaterra, ver Alice Clark, *Working Life of Women in the Seventeenth Century* (Londres, Routledge & Kegan Paul, 1982 [1919]).

[14]   Marianne Hester, "Patriarchal Reconstruction and Witch Hunting", em Jonathan Barry, Marianne Hester e Gareth Roberts (eds.), *Witchcraft in Early Modern Europe: Studies in Culture and Belief* (Cambridge, Cambridge University Press, 1996), p. 302.

Estado com respeito a esposas e crianças, e com a perda do acesso a antigos meios de subsistência, tanto o poder das mulheres como as amizades femininas foram enfraquecidos.

Dessa maneira, na Idade Média tardia, uma esposa ainda podia ser representada enfrentando seu marido e até mesmo trocando socos com ele, mas, no fim do século XVI, ela poderia ser punida com severidade por qualquer demonstração de independência ou crítica em relação a ele. A obediência – como a literatura da época enfatizava constantemente – era a primeira obrigação da esposa, imposta pela Igreja, pelo direito, pela opinião pública e, em última análise, pelas punições cruéis que foram introduzidas contra as "rabugentas", como o "*scold's bridle*" [rédea ou freio das rabugentas], também chamado de "*branks*", engenhoca sádica de metal e couro que rasgaria a língua da mulher se ela tentasse falar. Tratava-se de uma estrutura de ferro que circundava a cabeça, um bridão de cerca de cinco centímetros de comprimento e dois centímetros e meio de largura projetado para dentro da boca e voltado para baixo sobre a língua; muitas vezes, era salpicado de pontas afiadas, de modo que, se a infratora mexesse a língua, aquilo causaria dor e faria com que fosse impossível falar.

Registrado pela primeira vez na Escócia em 1567, esse instrumento de tortura foi criado como castigo para as mulheres das classes baixas consideradas "importunas" ou "rabugentas" ou "subversivas", sempre suspeitas de bruxaria. Esposas que fossem vistas como bruxas, malvadas e rabugentas também eram forçadas a usá-lo[15]. Muitas vezes, o instrumento era chamado "*gossip bridle*", atestando a mudança no sentido do termo. Com uma estrutura

---

[15] Ver, entre outros, David E. Underdown, "The Taming of the Scold", cit., p. 123.

dessas travando a cabeça e a boca, as acusadas podiam ser conduzidas pela cidade em uma humilhação pública cruel, o que deve ter aterrorizado todas as mulheres e que demonstrava o que elas poderiam esperar caso não se mantivessem subservientes. É significativo que, na Virginia, Estados Unidos, isso tenha sido usado para controlar pessoas escravizadas até o século XVIII.

Outra tortura a que mulheres assertivas/rebeldes foram submetidas foi o "*cucking stool*" ou "*ducking stool*" [banco de imersão][16], também usado como punição para prostitutas e mulheres que participavam dos motins contra os cercamentos. Tratava-se de uma espécie de cadeira a que a mulher era amarrada e "instalada para ser submersa em um lago ou rio". De acordo com David E. Underdown, "depois de 1569 as evidências de sua adoção começam a se multiplicar"[17].

Mulheres também foram levadas aos tribunais e multadas por "rabugice" enquanto sacerdotes, durante os sermões, bradavam contra suas línguas. Esperava-se que as esposas, em particular, ficassem caladas, "obedecessem aos maridos sem questionar" e "sentissem veneração por eles". Acima de tudo, elas eram instruídas a fazer de seu marido e de sua casa os centros de sua atenção e a não passar o tempo à janela nem à porta. Eram até mesmo desencorajadas de fazer muitas visitas a sua família depois do casamento e, sobretudo, de dedicar tempo a suas amigas. Ainda na Inglaterra, em 1547, "foi expedido um decreto proibindo as mulheres de se encontrarem para tagarelar e conversar" e ordenando aos maridos

---

[16] Ibidem, p. 123-5; ver também Susan D. Amussen, "Gender, Family and the Social Order, 1560-1725", em Anthony Fletcher e John Stevenson (eds.), *Order and Disorder in Early Modern England*, cit., p. 215.

[17] David E. Underdown, "The Taming of the Scold", cit., p. 123.

que "mantivessem as esposas dentro de casa"[18]. As amizades femininas foram um dos alvos da caça às bruxas, na medida em que, no desenrolar dos julgamentos, as mulheres acusadas foram forçadas, sob tortura, a denunciar umas às outras, amigas entregando amigas, filhas entregando mães.

Foi nesse contexto que *"gossip"* se transformou, de uma expressão de amizade e afeto, em um termo de difamação e ridicularização. Mesmo quando usada com o antigo significado, a palavra revelava novas conotações, que no fim do século XVI referiam-se a um grupo informal de mulheres que forçavam comportamentos socialmente aceitos por meio de censura privada ou rituais públicos, sugerindo que (como no caso das parteiras) a cooperação entre as mulheres era colocada a serviço da manutenção da ordem social.

A fofoca e a formação do ponto de vista feminino

Hoje, *"gossip"* [no sentido de fofoca] designa a conversa informal, geralmente danosa às pessoas que servem de assunto. É, na maioria das vezes, uma conversa que extrai sua satisfação da depreciação de outros; é a disseminação de informações não destinadas à audição pública, mas capazes de arruinar reputações, e é, inequivocamente, uma "conversa de mulheres".

São as mulheres que *"gossip"*, supostamente por não terem nada melhor a fazer e por terem menos acesso ao conhecimento real, à informação, e por uma inabilidade estrutural de construir discursos racionais, de base factual. Dessa forma, a fofoca é parte integrante da desvalorização da personalidade e do trabalho das

---

[18] Louis B. Wright, *Middle-Class Culture in Elizabethan England* (Ithaca/Nova York, Cornell University Press, 1965 [1935]).

mulheres, em especial do trabalho doméstico, supostamente terreno ideal para que essa prática prospere.

Essa concepção de *"gossip"*, como vimos, surgiu em um contexto histórico particular. Pela perspectiva de outras tradições culturais, essa "conversa fútil entre mulheres", na verdade, surgiria de modo bem diferente. Em muitas partes do mundo, as mulheres têm sido vistas historicamente como tecelãs da memória – aquelas que mantêm vivas as vozes do passado e as histórias das comunidades, que as transmitem às futuras gerações e que, ao fazer isso, criam uma identidade coletiva e um profundo senso de coesão. Elas também são aquelas que passam adiante os conhecimentos adquiridos e os saberes – relativos às curas medicinais, aos problemas amorosos e à compreensão do comportamento humano, a começar pelo comportamento dos homens. Rotular toda essa produção de conhecimento como "fofoca" é parte da degradação das mulheres – é uma continuação da construção, por demonólogos, da mulher estereotipada com tendência à maldade, invejosa da riqueza e do poder de outras pessoas e pronta para escutar o diabo. É dessa forma que as mulheres têm sido silenciadas e até hoje excluídas de muitos lugares onde são tomadas decisões, privadas da possibilidade de determinar a própria experiência e forçadas a encarar os retratos misóginos ou idealizados que os homens fazem delas. Estamos, no entanto, recuperando nosso conhecimento. Como uma mulher disse recentemente em um encontro para discutir o sentido da bruxaria, a mágica é: "Sabemos que sabemos".

Parte dois

Novas formas de acumulação de capital e a caça às bruxas em nossa época

RESGATES

6

Globalização, acumulação de capital e violência contra as mulheres: uma perspectiva internacional e histórica*

Da propagação de novas formas de caça às bruxas em várias regiões do mundo à escalada mundial no número de mulheres assassinadas diariamente, há cada vez mais evidências de que está se estabelecendo uma nova guerra contra as mulheres. Quais são os motivos e qual é a lógica por trás dela? Baseando-me em uma crescente literatura sobre esse tema, em grande parte produzida por ativistas/estudiosas feministas da América Latina, abordo essa questão colocando as novas formas de violência em um contexto histórico e investigando o impacto do desenvolvimento do capitalismo, passado e presente, na vida das mulheres e nas relações de gênero. Contra esse pano de fundo, também analiso a relação entre as diversas formas dessa violência – familiar, extradoméstica e institucional – e as estratégias de resistência, criadas por mulheres em todo o mundo, para acabar com elas.

---

* Este ensaio é baseado em uma apresentação que fiz no fórum sobre feminicídio realizado em Buenaventura, Colômbia, entre 5 e 29 de março de 2016. Uma versão editada, "Undeclared War: Violence Against Women", foi publicada em "The Politics of Everyday Life", edição especial, *Artforum* 55, n. 10, 2017, p. 282-8.

Introdução

Desde os primórdios do movimento feminista, a violência contra as mulheres tem sido uma das principais questões da mobilização feminista, inspirando a formação do Primeiro Tribunal Internacional de Crimes contra as Mulheres, realizado em Bruxelas, em março de 1976, com a presença de mulheres de quarenta países, apresentando depoimentos sobre maternidade e esterilização compulsórias, estupro, agressões físicas, encarceramento em hospitais psiquiátricos e o tratamento brutal das mulheres em prisões[1]. Desde então, as iniciativas feministas de combate à violência se multiplicaram, bem como as leis aprovadas por governos em consequência das Conferências Mundiais das Nações Unidas sobre a Mulher. Longe de diminuir, porém, a violência contra a mulher cresceu em todas as partes do mundo, a ponto de as feministas, agora, descreverem sua forma letal como "feminicídio". A violência, medida pelo número de mulheres assassinadas e violadas, não apenas segue crescente, como, segundo mostraram autoras feministas, tornou-se mais pública e mais brutal e assume formas antes só vistas em tempos de guerra[2].

Quais são as forças que impulsionam esse fenômeno e o que ele nos diz sobre as transformações na economia global e na posição

---

[1] Ver Diana E. H. Russell e Nicole Van de Ven (eds.), *Crimes against Women: Proceedings of the International Tribunal* (3. ed., Berkeley, Russell, 1990 [1976]). Disponível em: <http://womenation.org/wp-content/uploads/2013/09/Crimes_Against_Women_Tribunal.pdf>; acesso em: 3 maio 2018.

[2] Muito importante, nesse contexto, é o trabalho da estudiosa argentina Rita Laura Segato. Ver *La escritura en el cuerpo de las mujeres asesinadas en Ciudad Juárez: territorio, soberanía y crímenes de segundo estado* (Cidade do México, Universidad del Claustro de Sor Juana, 2006); e *Las nuevas formas de la guerra y el cuerpo de las mujeres* (Puebla, Pez en el Árbol, 2014).

social das mulheres? As respostas a essas perguntas têm variado, mas há cada vez mais evidências de que as causas na raiz dessa atual onda de violência são as novas formas de acumulação de capital, que envolvem a desapropriação de terras, a destruição das relações comunitárias e uma intensificação na exploração do corpo e da mão de obra das mulheres.

Em outras palavras, *a nova violência contra as mulheres tem sua raiz nas tendências estruturais constitutivas do desenvolvimento capitalista e do poder estatal em todas as épocas.*

Capitalismo e violência contra as mulheres

O desenvolvimento do capitalismo começou com uma guerra contra as mulheres: a caça às bruxas dos séculos XVI e XVII, processo que, na Europa e no Novo Mundo, levou a milhares de mortes. Como escrevi em *Calibã e a bruxa*, esse fenômeno sem precedentes históricos foi um elemento central do processo que Marx definiu como acumulação primitiva, pois destruiu um conjunto de sujeitos e práticas femininas que atravancava o caminho das principais condições para o desenvolvimento do sistema capitalista: acumulação de uma numerosa mão de obra e imposição de uma disciplina de trabalho mais coercitiva. Apontar e perseguir as mulheres como "bruxas" preparou o terreno para o confinamento das europeias no trabalho doméstico não remunerado. Isso legitimou sua subordinação aos homens, dentro e fora da família. Deu ao Estado controle sobre sua capacidade reprodutiva, garantindo a criação de novas gerações de trabalhadores e trabalhadoras. Dessa forma, as caças às bruxas estruturaram uma ordem especificamente capitalista, patriarcal, que continua até hoje, embora tenha se ajustado constantemente em resposta à resistência das mulheres e às necessidades sempre em transformação do mercado de trabalho.

Com torturas e execuções a que as mulheres acusadas por bruxaria estiveram sujeitas, as demais logo aprenderam que, para ser socialmente aceitas, teriam de se mostrar obedientes e silenciosas e aceitar o trabalho pesado e os abusos masculinos. Até o século XVIII, para aquelas que resistiam, haveria a *"scold's bridle"* [rédea das rabugentas], engenhoca também usada para amordaçar pessoas escravizadas que circundava a cabeça e, se a pessoa tentasse falar, dilacerava sua língua. Formas de violência específicas em função do gênero também foram perpetradas nas fazendas de monocultura onde, no século XVIII, as agressões sexuais dos senhores contra as escravizadas se transformou em uma política sistemática de estupro, na medida em que os proprietários de terras tentavam substituir a importação de pessoas vindas da África para serem escravizadas por um criadouro local sediado na Virginia[3].

A violência contra as mulheres não desapareceu com o fim das caças às bruxas e a abolição da escravidão. Pelo contrário, foi normalizada. Nos anos 1920 e 1930, no auge do movimento eugenista, a "promiscuidade sexual" feminina, retratada como doença mental, era punida com internação em hospitais psiquiátricos ou esterilização[4]. A esterilização de mulheres de grupos étnicos minoritários, de mulheres pobres e de mulheres que exerciam sua sexualidade fora do casamento continuou até os anos 1960, tanto no sul quanto

---

[3]   Ned Sublette e Constance Sublette, *The American Slave Coast: A History of the Slave-Breeding Industry* (Chicago, Lawrence Hill, 2016).

[4]   Em um conjunto de artigos publicados nos anos 1930 em *New Masses*, Meridel Le Sueur descreveu como, durante a Grande Depressão, mulheres desempregadas da classe trabalhadora que recebiam assistência do governo viviam com medo de serem

no norte, tornando-se "a forma de controle de natalidade que mais rapidamente cresce nos Estados Unidos"[5]. A violência contra as mulheres também incluía o uso generalizado, nos anos 1950, da lobotomia para a cura da depressão, sendo que esse tipo de cirurgia era considerado ideal para as mulheres destinadas ao trabalho doméstico, função que supostamente não requeria cérebro.

Como destacou Giovanna Franca Dalla Costa em *Un lavoro d'amore* [Um trabalho de amor], de 1978, o mais importante é que a violência sempre esteve presente na família nuclear como uma mensagem nas entrelinhas, uma possibilidade, porque os homens, graças a seus salários, conquistaram o poder de supervisionar o trabalho doméstico não remunerado das mulheres, de usar as mulheres como serviçais e de punir sua recusa a esse trabalho. Por isso a violência doméstica praticada pelos homens não foi, até recentemente, considerada crime. Em paralelo à legitimação, pelo Estado, dos direitos de pais e mães castigarem suas crianças como parte de um treinamento para se tornarem a futura mão de obra, a violência doméstica contra as mulheres tem sido tolerada pelos tribunais e pela polícia como reação legítima ao não cumprimento, por parte das mulheres, de suas obrigações domésticas.

Enquanto a violência contra as mulheres tem sido normalizada como aspecto estrutural das relações familiares e de gênero, o que se consolidou nas últimas décadas ultrapassa a norma. Um caso exemplar é o dos assassinatos na Ciudad Juárez, que fica em frente a El Paso, no Texas, do outro lado da fronteira mexicana,

---

sequestradas por assistentes sociais e internadas ou esterilizadas à força. Meridel Le Sueur, *Women on the Breadlines* (2. ed. rev., Nova York, West End, 1984 [1977]).

[5] Dorothy Roberts, *Killing the Black Body: Race, Reproduction, and the Meaning of Liberty* (Nova York, Vintage, 2016 [1997]), p. 90-1.

onde, nos últimos vinte anos, centenas de mulheres desapareceram, com o corpo torturado tendo sido muitas vezes encontrado abandonado em locais públicos. Esse não é um caso isolado. Sequestros e assassinatos de mulheres são uma realidade diária na América Latina hoje, evocando memórias das "guerras sujas" que, nos anos 1980, derramaram sangue em muitos países da região. Isso porque a classe capitalista está determinada a virar o mundo de cabeça para baixo a fim de consolidar seu poder, que foi enfraquecido nos anos 1960 e 1970 pelas lutas anticoloniais, feministas e contra o *apartheid*, como o movimento Black Power. E faz isso atacando os meios de reprodução da população e instituindo um regime de guerra permanente.

Minha tese, em outras palavras, é de que estamos assistindo a uma escalada da violência contra as mulheres, especialmente afrodescendentes e indígenas nativas, porque a "globalização" é um processo político de recolonização destinado a entregar ao capital o controle inquestionável sobre a riqueza do mundo natural e o trabalho humano, e isso não pode ser alcançado sem atacar as mulheres, que são diretamente responsáveis pela reprodução de suas comunidades. Não surpreende que a violência contra as mulheres tenha sido mais intensa naquelas partes do mundo (África subsaariana, América Latina e Sudeste Asiático) mais ricas em recursos naturais e agora mais valorizadas para especulações comerciais, onde a luta anticolonial tem sido mais forte. Maltratar as mulheres é útil para os "novos cercamentos"[6]. Prepara o terreno para as apropriações de terras, privatizações e guerras que, por anos, têm devastado regiões inteiras.

---

[6] O conceito de "novos cercamentos" foi articulado em uma edição da série *Midnight Notes* dedicada a esse tema, designando as consequências de programas de ajuste estrutural e regimes de destruição de terras comunais na África e em outras antigas

A brutalidade dos ataques perpetrados contra as mulheres é, geralmente, tão extrema que eles não parecem ter propósitos utilitários. Referindo-se às torturas infligidas ao corpo das mulheres por organizações paramilitares que operam na América Latina, Rita Laura Segato falou sobre uma "violência expressiva" e uma "crueldade pedagógica", argumentando que seu objetivo é aterrorizar, transmitir uma mensagem, primeiro às mulheres e depois, por meio delas, a populações inteiras, de que não se deve esperar nenhuma compaixão[7]. Por remover as populações de grandes áreas, por forçar as pessoas a saírem de suas casas, suas plantações, suas terras ancestrais, a violência contra as mulheres é parte crucial das operações de empresas mineradoras e petroleiras que hoje deslocam um grande número de pessoas de aldeias da África e da América Latina. Este é o outro lado de mandatos de instituições internacionais como o Banco Mundial e as Nações Unidas, que moldam a política econômica global, estabelecem as regras de mineração e são, em última análise, responsáveis pelas condições neocoloniais sob as quais as corporações operam em terra firme. Na verdade, é para seus escritórios e seus planos de desenvolvimento que temos de nos voltar a fim de compreender a lógica pela qual milícias atiraram com arma de fogo na vagina de mulheres nos campos de extração de diamantes, columbita-tantalita (coltan) e cobre na República Democrática do Congo ou que soldados guatemaltecos abriram a barriga de grávidas com

---

regiões coloniais em geral. Ver Midnight Notes Collective, *The New Enclosures, Midnight Notes*, n. 10, 1990. Disponível em: ‹https://libcom.org/library/midnight-notes-10-1990-new-enclosures›; acesso em: 3 jul. 2019.

[7] Rita Laura Segato, *La escritura en el cuerpo de las mujeres asesinadas en Ciudad Juárez*, cit., p. 22-3.

facas em uma ação que continua sendo descrita como guerra de contrainsurgência. Segato está certa. Tamanha violência não pode emergir do cotidiano de nenhuma comunidade. É uma "violência ensinada em manuais". Precisa ser planejada, calculada e executada sob garantia máxima de impunidade, da mesma maneira que as mineradoras, hoje, poluem totalmente impunes terras, rios e cursos d'água com produtos químicos letais, enquanto as pessoas que vivem desses recursos são detidas por guardas de segurança se ousarem resistir. Não importa quem sejam os criminosos imediatos, apenas Estados e agências poderosas podem dar sinal verde a tamanha devastação e garantir que os culpados nunca sejam levados à justiça.

É essencial enfatizar que a violência contra as mulheres é um elemento-chave nessa nova guerra global não apenas pelo horror que evoca ou pelas mensagens que transmite, mas pelo que as mulheres representam em termos de capacidade de manter comunidades coesas e, o que é igualmente relevante, de defender noções não comerciais de segurança e abundância. Na África e na Índia, por exemplo, até recentemente as mulheres tinham acesso a terras comunais e dedicavam grande parte de sua jornada de trabalho à agricultura de subsistência. No entanto, tanto a posse permanente de terras comunais como a agricultura de subsistência encontram-se sob forte ataque institucional, criticadas pelo Banco Mundial como uma das causas da pobreza global sob a hipótese de que a terra é um "patrimônio morto" a menos que seja legalmente registrada e usada como caução para obter empréstimos bancários para o início de alguma atividade comercial.

Na realidade, é graças à agricultura de subsistência que muitas pessoas têm sobrevivido aos brutais programas de austeridade.

Críticas como as do Banco Mundial, porém, repetidas em dezenas de reuniões com autoridades governamentais e líderes locais, têm sido bem-sucedidas tanto na África como na Índia, de modo que as mulheres são forçadas a desistir da produção de subsistência e a trabalhar como ajudantes dos maridos na produção de matérias-primas. Como observou Maria Mies, essa dependência forçada é uma das formas específicas pelas quais as mulheres de áreas rurais vêm sendo "integradas ao desenvolvimento", que é, em si, um processo violento. Esse processo não é apenas "garantido pela violência inerente às relações patriarcais entre homens e mulheres", mas também desvaloriza as mulheres, de modo que os homens das comunidades as enxergam (principalmente quando são idosas) como seres inúteis, cujos bens e o trabalho podem ser apropriados sem escrúpulos.

Mudanças em leis e regras de propriedade de terras e no conceito do que pode ser considerado fonte de valor parecem também estar na raiz de um fenômeno que produziu muita miséria para as mulheres desde os anos 1990, especialmente na África e na Índia: a volta da caça às bruxas. Diversos fatores contribuíram para o ressurgimento das caças às bruxas, entre eles a desintegração da solidariedade comunal, devido a décadas de empobrecimento e aos danos causados pela aids e outras doenças nas sociedades em que a desnutrição é extrema e os sistemas de atendimento à saúde entraram em colapso. Outros fatores são a expansão das seitas evangélicas neocalvinistas, que pregam que a pobreza é provocada por falhas pessoais ou por ações maldosas das bruxas. Contudo, observa-se que as acusações por bruxaria são mais frequentes nas áreas destinadas a projetos comerciais ou nas quais processos de privatização de terras estão em curso (como nas comunidades tribais da Índia) e quando a acusada possui algum terreno a ser confiscado. Na África, em especial, as vítimas são mulheres mais velhas que vivem de algum pedaço de terra, enquanto as acusações partem de integrantes mais jovens das comunidades ou mesmo das próprias famílias, em geral jovens sem emprego que veem as idosas como usurpadoras do que deveria lhes pertencer e que podem sofrer manipulação por parte de outros agentes que permanecem nas sombras, incluindo líderes locais que muitas vezes conspiram com os interesses comerciais[8].

Há outras formas pelas quais as novas formas de acumulação de capital incitam a violência contra as mulheres. Desemprego, precarização do trabalho e queda da renda familiar são fundamentais. Privados de rendimentos, os homens descarregam suas frustrações nas mulheres ou tentam recuperar o dinheiro perdido e o poder social explorando o corpo e o trabalho delas. É o caso dos "assassinatos por dotes" na Índia, onde homens da classe média matam a esposa caso ela não traga bens suficientes consigo ou para se casar com outra mulher e obter outro dote. Outro exemplo é o tráfico sexual, elemento-chave na expansão da indústria do sexo, que é administrada, predominantemente, por organizações criminosas masculinas capazes de impor o trabalho escravo "em sua forma mais bruta"[9].

Aí a micropolítica individual imita a macropolítica institucional e com ela se funde. Para o capital, bem como para os homens lançados a condições precárias, o valor das mulheres reside cada vez mais na mão de obra barata que elas podem oferecer no mercado

---

[8] Sobre a caça às bruxas na África, ver "Caça às bruxas, globalização e solidariedade feminista na África dos dias atuais", Capítulo 7 deste volume.

[9] Maria Mies, *Patriarchy and Accumulation on a World Scale* (Londres, Zed, 2014 [1986]), p. 146.

por meio da venda de seu trabalho e de seu corpo, não no trabalho doméstico não remunerado, que precisaria ser sustentado por um salário masculino estável no mercado, algo que o capitalismo contemporâneo está determinado a eliminar paulatinamente, exceto para setores restritos da população. O trabalho das mulheres no lar e como produtoras de novas gerações não desapareceu, mas não é mais uma condição suficiente para a aceitação social. Ao contrário, a gravidez é muitas vezes uma desvantagem, aumentando significativamente a vulnerabilidade das mulheres à violência, na medida em que os homens se ressentem da responsabilidade que a gestação acarreta. Assim, a política econômica que emergiu recentemente estimula relações familiares mais violentas, já que as mulheres não devem depender dos homens e devem levar dinheiro para casa, mas depois são vítimas de abusos se deixam a desejar nas tarefas domésticas ou se exigem mais poder como reconhecimento a suas contribuições monetárias.

A necessidade das mulheres de sair de casa, emigrar e levar seu trabalho reprodutivo para as ruas (como vendedoras, comerciantes, trabalhadoras do sexo) a fim de sustentar sua família também dá origem a novas formas de violência contra elas. Na verdade, todas as evidências indicam que a integração das mulheres na economia global é um processo violento. Sabe-se que mulheres imigrantes da América Latina tomam anticoncepcionais supondo que serão estupradas pela polícia de fronteira, agora militarizada. Vendedoras ambulantes entram em confronto com a polícia que tenta confiscar suas mercadorias. Como observou Jules Falquet, à medida que as mulheres deixam de servir a um homem para servir a muitos (cozinhando, limpando, prestando serviços sexuais), as formas tradicionais de coibição vêm abaixo, tornando-as mais vulneráveis aos abusos. A violência masculina individual também é uma resposta às exigências mais assertivas das mulheres por autonomia e independência econômica ou, mais simplesmente, uma reação negativa contra a ascensão do feminismo[10]. Esse foi o tipo de violência que irrompeu na Escola Politécnica de Montreal, em 6 de dezembro de 1989, quando um homem entrou em uma sala de aula, separou os homens das mulheres e atirou contra elas, gritando: "Vocês são todas umas malditas feministas", matando catorze mulheres. A misoginia também é agravada pelo racismo. Nos Estados Unidos, onde, desde os anos 1980, os assassinatos de mulheres têm aumentado constantemente, com mais de 3 mil mortas a cada ano, os casos perpetrados contra grupos étnicos minoritários são menos propensos a receber atenção midiática ou a ser solucionados que os assassinatos de brancas – basta ver a enorme lentidão das investigações de assassinatos em série de mulheres afro-estadunidenses de baixa renda em Los Angeles e outras cidades. A transfobia também agrava a misoginia. Entre 2010 e 2016, pelo menos 111 pessoas em não conformidade de gênero e transgênero foram assassinadas nos Estados Unidos, a maioria mulheres trans e negras. De acordo com a Coalizão Estadunidense de Programas Contra a Violência (NCAVP, na sigla em inglês), 23 desses homicídios ocorreram em 2016, número mais alto já registrado pela organização. Também no Canadá, a violência racializada está em ascensão. Dezenas de mulheres, a maioria de indígenas nativas, desapareceram e depois foram

---

[10] Jane Caputi e Diana E. H. Russell, "Femicide: Sexist Terrorism Against Women", em Jill Radford e Diana E. H. Russell (eds.), *Femicide: The Politics of Woman Killing* (Nova York, Twayne, 1992), p. 13-21.

encontradas mortas ao longo da hoje chamada *Highway of Tears* [Estrada das Lágrimas][11].

Essas formas de violência são nitidamente diferentes daquelas infligidas às mulheres por forças paramilitares, narcotraficantes, exércitos e seguranças privados das empresas. Ainda assim, estão profundamente relacionadas. Como Sheila Meintjes, Anu Pillay e Meredeth Turshen apontaram[12], o que associa a violência dos períodos de guerra e de paz é a recusa da autonomia das mulheres, que, por sua vez, é associada ao controle sexual e à alocação de recursos. Maria Mies também assinalou: "Em todas essas relações de produção, baseadas na violência e na coerção, podemos observar uma inter-relação entre os homens (pais, irmãos, maridos, cafetões, filhos), a família patriarcal, o Estado e os empreendimentos capitalistas"[13]. A violência doméstica e pública (isto é, a violência militar ou paramilitar, a caça às bruxas) também sustentam uma à outra. Muitas vezes, as mulheres não denunciam os abusos que sofreram por medo de serem rejeitadas pela família ou submetidas a mais violência. Por outro lado, a tolerância institucional à violência doméstica gera uma cultura de impunidade que contribui para normalizar a violência pública infligida às mulheres.

Em todos os casos mencionados, a violência contra as mulheres é uma violência física. Além disso, não devemos ignorar a violência cometida por meio de políticas econômicas e sociais e

---

[11] Dan Levin, "Dozens of Women Vanish on Canada's Highway of Tears, and Most Cases Are Unsolved", *New York Times*, 24 maio 2016. Disponível em: ‹https://www.nytimes.com/2016/05/25/world/americas/canada-indigenous-women-highway-16.html›; acesso em: 3 jul. 2019.

[12] Sheila Meintjes, Anu Pillay e Meredeth Turshen (eds.), *The Aftermath: Women in Post-conflict Transformations* (Londres, Zed, 2001).

[13] Maria Mies, *Patriarchy and Accumulation on a World Scale*, cit., p. 146.

pela mercantilização da reprodução. A pobreza resultante de cortes em bem-estar, emprego e serviços sociais deveria ser considerada, em si, uma forma de violência, bem como as condições de trabalho desumanas como as encontradas, por exemplo, nas *maquilas**, as novas monoculturas escravistas. A falta de assistência médica, a recusa de acesso ao aborto, o aborto de fetos femininos, a esterilização de mulheres na África, na Índia e na América Latina em nome do "controle demográfico" e, sobretudo, o "microcrédito" – frequentemente levando à catástrofe para quem não consegue pagar os empréstimos – também são formas graves de violência. A isso devemos acrescentar a crescente militarização da vida cotidiana, com a consequente glorificação dos modelos agressivos e misóginos de masculinidade. Como Jules Falquet sustentou, a proliferação de homens armados e o desenvolvimento de uma nova divisão sexual do trabalho, na qual a maioria dos empregos vagos para os homens exige violência (como segurança particular, segurança comercial, agente prisional, membro de gangue e máfia e soldado em exército regular ou privado), desempenham papel central em forjar masculinidades cada vez mais tóxicas[14]. As estatísticas mostram: quem mata são, na maioria das vezes, homens familiarizados com as armas, que têm acesso a elas e que estão acostumados a resolver conflitos com violência. Nos Estados Unidos, são em geral policiais ou veteranos das guerras do Iraque e do Afeganistão. O nível elevado de violência

---

* Manufaturas ou fábricas de montagem estabelecidas no México, mas que operam sob o comando ou os interesses econômicos de empresas dos Estados Unidos e outros países. (N. T.)

[14] Jules Falquet, "Hommes en armes et femmes 'de service': tendances néolibérales dans l'évolution de la division sexuelle internationale du travail", *Cahiers de Genre*, n. 40, 2006, p. 15-37.

contra as mulheres no Exército dos Estados Unidos tem sido significativo nesse contexto. Como Frantz Fanon apontou, referindo-se aos homens franceses cuja tarefa era torturar rebeldes da Argélia, a violência é integral: não se pode praticá-la como ocupação diária sem desenvolver traços de caráter violentos e levá-la para casa. A construção e a disseminação pela mídia de modelos hipersexualizados de feminilidade exacerbou esse problema, convidando abertamente à agressão sexual e contribuindo para uma cultura misógina em que as aspirações de autonomia das mulheres são degradadas e reduzidas à condição de provocação sexual.

Dado o caráter difuso da violência que as mulheres enfrentam, fica claro que a resistência também deve ser organizada em muitas frentes. Mobilizações já estão em curso, evitando progressivamente as soluções sem futuro, como exigir uma legislação mais punitiva que sirva apenas para dar mais poder às mesmas autoridades que são direta e indiretamente responsáveis pelo problema. Mais eficazes são as estratégias que as mulheres concebem quando controlam as coisas. Táticas particularmente bem-sucedidas são a abertura de abrigos não controlados por autoridades, mas pelas mulheres que os utilizam, a organização de aulas de autodefesa e o desenvolvimento de manifestações amplamente inclusivas, como as marchas *Take Back the Night* [Recuperar a noite]* originadas nos anos 1970 ou as marchas contra o estupro e os assassinatos por dote organizadas pelas mulheres na Índia, que muitas vezes conduziram a protestos sentados (*sit-ins*) na vizinhança dos

---

* No contexto original, a expressão era uma referência ao desejo de pôr fim ao medo que as mulheres sentem de serem vítimas de violência sexual ao caminharem sozinhas à noite. Ao longo dos anos, o objetivo das marchas se ampliou, e hoje esses protestos combatem as várias formas de violência contra as mulheres. (N. T.)

responsáveis pelos crimes ou em frente a delegacias. Nos últimos anos, temos visto também a ascensão de campanhas contra as caças às bruxas tanto na África como na Índia, com mulheres e homens indo de aldeia em aldeia, orientando a população quanto às causas de doenças e os interesses dos homens que atuam como curandeiros tradicionais, líderes locais e outros frequentemente responsáveis pelas acusações. Em algumas regiões da Guatemala, as mulheres começaram a anotar o nome de soldados abusivos e, então, expô-los nas aldeias em que eles nasceram. Em todos os casos, a decisão das mulheres de contra-atacar, romper seu isolamento e se juntar a outras tem sido vital para o sucesso desses esforços. Essas estratégias, no entanto, não podem produzir mudanças duradouras se não forem acompanhadas por um processo de reavaliação da posição das mulheres e das atividades reprodutivas que elas realizam para sua família e sua comunidade, e isso não pode ser atingido a menos que as mulheres obtenham os recursos de que precisam para serem independentes dos homens, de forma que não sejam forçadas, em prol da sobrevivência, a aceitar condições de trabalho e relações familiares que representem perigo e exploração.

Caça às bruxas, globalização e solidariedade feminista na África dos dias atuais*

No entanto, a abolição da escravidão não pressupôs a desaparição da caça às bruxas do repertório da burguesia. Pelo contrário, a expansão global do capitalismo, por meio da colonização e da cristianização, assegurou que esta perseguição fosse implantada no corpo das sociedades colonizadas e, com o tempo, posta em prática pelas comunidades subjugadas em seu próprio nome e contra seus próprios membros.

*Calibã e a bruxa: mulheres, corpo e acumulação primitiva***

Discutindo o caráter de fenômeno global da caça às bruxas em *Calibã e a bruxa* (2004) e comentando sobre as caças às bruxas que aconteceram na África e em outras partes do mundo nos anos 1980 e 1990, expressei minha preocupação em relação a essas perseguições raramente serem relatadas na Europa e nos Estados Unidos. Hoje, a literatura sobre o retorno da caça às bruxas no cenário mundial cresceu, bem como as reportagens sobre assassinatos

---

* Publicado originalmente em *Journal of International Women's Studies* 10, n. 1, out. 2008, p. 21-35.

** Ed. bras.: trad. Coletivo Sycorax, São Paulo, Elefante, 2017 [2004], p. 414. (N. E.)

de bruxas, não só na África, mas também na Índia, no Nepal e na Papua Nova Guiné. Ainda assim, com algumas exceções[1], os movimentos por justiça social e mesmo as organizações feministas continuam calados sobre essa questão, embora as vítimas sejam predominantemente mulheres.

Como caça às bruxas, refiro-me a expedições punitivas por homens jovens que participam de grupos paramilitares ou se autodenominam perseguidores de bruxas, muitas vezes resultando no assassinato da acusada e no confisco de suas propriedades. Na África, em especial, esse se tornou um problema sério nas últimas duas décadas, estendendo-se aos dias atuais. Só no Quênia, mais de cem pessoas foram assassinadas desde 1992, a maioria delas no sudoeste, no distrito de Kisii[2]. Desde então, os registros de "assassinatos de bruxas" se multiplicaram, chegando aos milhares e avançando até hoje. Como o sociólogo ganês Mensah Adinkrah relata,

---

[1] Uma exceção é o documentário realizado pela cineasta indiana Rakhi Verma, intitulado *The Indian Witch Hunt*, que obteve o prêmio de melhor filme no ShowReal Asia 2, realizado em Cingapura em 20 de abril de 2005. Savvy Soumya, "Film on Witches Casts a Spell – Documentary Features in the Nomination List of Magnolia Award", *Telegraph*, 12 maio 2005. Disponível em: ‹https://www.telegraphindia.com/1050512/asp/jharkhand/story_4722935.asp›; acesso em: 13 jun. 2018. Agora, na Índia, como relatado por Rachel Nuwer, "um movimento popular liderado por mulheres está rechaçando essa prática. Pequenos grupos de mulheres locais incluíram a abolição das caças às bruxas em sua pauta". "Women Shut Down Deadly Witch Hunts in India (Yes, That Still Happens)", *Smithsonian.org*, 5 set. 2012. Disponível em: ‹https://www.smithsonianmag.com/smart-news/women-shut-down-deadly-witch-hunts-in-india-yes-that-still-happens-26095379›; acesso em: 13 jun. 2018.

[2] De acordo com Justus M. Ogembo, apenas no distrito de Kisii, até 9 de abril de 2002, "mais de cem pessoas foram brutalmente assassinadas". *Contemporary Witch-Hunting in Gusii, Southwestern Kenya* (Lewiston, Nova York, Edwin Mellen, 2006), p. 2. Mais pessoas foram assassinadas depois dessa data. Sobre o assassinato de onze pessoas, oito mulheres e três homens em maio de 2008, ver "'Witches' Burnt to Death in Kenya", *BBC News*, 21 maio 2008. Disponível em: ‹http://news.bbc.co.uk/2/hi/africa/7413268.stm›; acesso em: jun. 2018

nos últimos anos, a imposição da violência contra pessoas suspeitas ou acusadas de serem bruxas surgiu como a principal forma de violação de direitos humanos na África. Muitas agências de notícias locais e internacionais divulgaram um número de pessoas ameaçadas, intimidadas, torturadas ou assassinadas por suspeita de bruxaria.[3]

Estudados principalmente por antropólogas e antropólogos, as acusações e os assassinatos por bruxaria deveriam preocupar todas as feministas, de norte a sul. Pois, além de infligir um sofrimento indescritível às pessoas acusadas e consumar uma ideologia que degrada todas as mulheres, têm consequências devastadoras para as comunidades atingidas, em especial para gerações mais jovens. Esses atos também são emblemáticos dos efeitos da globalização econômica, demonstrando, mais uma vez, que a caça às bruxas contribui para a escalada da violência masculina contra as mulheres.

A seguir, discuto as caças às bruxas na África, analisando motivações e sugerindo algumas iniciativas que as feministas podem adotar para pôr fim a essas perseguições. Meu argumento é de que essas caças às bruxas devem ser compreendidas no contexto da profunda crise do processo de reprodução social causada pela liberalização e pela globalização das economias africanas. Essa crise enfraqueceu as economias locais, desvalorizou a posição social das mulheres e produziu – entre a população jovem e idosa e entre os homens e as mulheres – intensos conflitos relativos ao uso de recursos econômicos cruciais, a começar pela terra. Nesse sentido, entendo as caças às bruxas da atualidade em um

---

[3] Mensah Adinkrah, *Witches, Witchcraft and Violence in Ghana* (Nova York, Berghahn, 2015), p. 5.

continuum com fenômenos como "assassinatos por dotes", o retorno do *sati** na Índia e os assassinatos de centenas de mulheres em algumas localidades mexicanas na fronteira com os Estados Unidos, como Ciudad Juárez. De formas diferentes, as acusações de bruxaria também são efeito do processo de alienação social produzido pela "integração" na economia global e da propensão dos homens de descarregarem nas mulheres, até mesmo tirando-lhes a vida, as frustrações econômicas de acompanhar o avanço das relações capitalistas. Essas novas caças às bruxas também estão em continuidade com o retorno mundial do "sobrenatural" no discurso político e na prática popular (por exemplo, os "cultos satânicos" na Europa e nos Estados Unidos), fenômeno que pode ser atribuído à proliferação de seitas religiosas fundamentalistas, mas, o que é significativo, que surgiu em conjunto com a liberalização da vida econômica e política na África.

Minha análise me leva a concluir que as feministas, ao se mobilizarem contra as graves violações dos direitos das mulheres, deveriam levar a julgamento as agências que criaram as condições materiais e sociais que as tornaram possíveis. Isso inclui os governos africanos que não intervêm para evitar ou punir os assassinatos, o Banco Mundial, o Fundo Monetário Internacional e seus apoiadores – Estados Unidos, Canadá e União Europeia – cujas políticas econômicas destruíram economias locais e recolonizaram o continente africano, quando, em nome da "crise da dívida"

---

* Prática tradicional em algumas comunidades hindus segundo a qual a viúva se lança na pira funerária do marido no momento da cremação, sendo queimada viva. A prática do *sati*, hoje legalmente proibida na Índia, deveria ser voluntária, mas há vários registros históricos de mulheres que teriam sido forçadas por familiares do marido a realizá-la. (N. T.)

e da "recuperação econômica", impuseram regimes de austeridade brutal aos países africanos e retiraram dos governos grande parte de seu poder decisório. De forma ainda mais crucial, as feministas deveriam levar a julgamento as Nações Unidas, que apoiam os direitos das mulheres da boca para fora, mas tratam a liberalização econômica como objetivo de desenvolvimento do milênio e observam em silêncio enquanto as idosas, na África e em muitas partes do mundo, são demonizadas, expulsas das comunidades, cortadas em pedaços ou queimadas vivas.

Caça às bruxas e globalização na África dos anos 1980 aos dias atuais

Embora o medo da bruxaria seja frequentemente descrito como algo arraigado nos sistemas de crença africanos[4], as agressões contra "bruxas" se intensificaram por toda a África nos anos 1990 de formas que não tinham precedentes no período pré-colonial. É difícil obter os números, já que ataques e assassinatos muitas vezes ficaram impunes, mas os dados disponíveis demonstram a magnitude do problema.

---

[4]   Essa tese é tão comum que é difícil selecionar uma única fonte; ver, entre outras, Patrick Chabal e Jean-Pascal Daloz, *Africa Work: Disorder as Political Instrument* (Oxford, James Currey, 1999); Justus M. Ogembo, *Contemporary Witch-Hunting in Gusii*, cit.; Elias K. Bongmba, "Witchcraft and the Christian Church: Ethical Implications", em Gerrie ter Haar (ed.), *Imagining Evil: Witchcraft Beliefs and Accusations in Contemporary Africa* (Trenton, Nova Jersey, Africa World, 2007). Entretanto, no mesmo volume editado por Haar, Stephen Ellis observa: "A 'bruxaria' contemporânea africana não é [...] como muitos outros aspectos da vida ali, nem autenticamente africana nem uma imposição pura. É um amálgama infeliz, em parte criado por ideias e práticas religiosas semelhantes de lugares diferentes". "Witching Times: A Theme in the Histories of Africa and Europe", cit., p. 35.

Aproximadamente 3 mil mulheres estão hoje exiladas em "campos de bruxas" no norte de Gana, tendo sido forçadas a fugir das comunidades devido a ameaças de morte[5]. Como vimos, muitas pessoas, a maioria mulheres, foram assassinadas no distrito de Gusii (Kisii), no sudoeste do Quênia, sendo que os agressores são grupos de homens jovens bem organizados, em geral solteiros, que agem como mercenários sob as ordens de familiares das vítimas ou outras partes interessadas[6]. Perseguições intensas ocorreram na Província Norte* da África do Sul desde o fim do *apartheid*, com uma perda tão grande de vidas que o Congresso Nacional Africano julgou adequado indicar uma comissão de inquérito sobre a questão como um de seus primeiros atos no governo[7]. Agressões de rotina contra as "bruxas", muitas vezes com consequências fatais, também foram registradas em Benin, Camarões, Tanzânia, República Democrática do Congo e Uganda. De acordo com um dos cálculos, entre 1991 e 2001, ao menos 23 mil "bruxas" foram assassinadas na África, sendo esse número considerado conservador[8]. Campanhas de "limpeza" também têm sido iniciadas, com

---

[5]   Esse número consta de Karen Palmer, *Spellbound: Inside West Africa's Witch Camps* (Nova York, Free Press, 2010), p. 18. Nele a autora relata uma visita que fez em 2007 a alguns dos "campos de bruxas". Trata-se de um crescimento substancial em relação ao número de mil mulheres assassinadas apresentado em Allison Berg, *Witches in Exile* (São Francisco, California Newsreel, 2004), DVD, 79 min.

[6]   Justus M. Ogembo, *Contemporary Witch-Hunting in Gusii*, cit., p. 106-8, 65-81.

*   Uma das nove províncias da África do Sul. Em 2003, a Província Norte (*Northern Province*) passou a ser chamada Limpopo. (N. T.)

[7]   Jean Comaroff e John Comaroff, "Occult Economies and the Violence of Abstraction: Notes from the South African Postcolony", *American Ethnologist* 26, n. 2, maio 1999, p. 282.

[8]   Richard Petraitis, "The Witch Killers of Africa", *The Secular Web*, 2003. Disponível em: ‹https://infidels.org/library/modern/richard_petraitis/witch_killers.html›; acesso em: 11 maio 2018.

perseguidores de bruxas viajando de aldeia em aldeia, submetendo todas as pessoas a interrogatórios humilhantes e assustadores, bem como a exorcismos. Foi esse o caso da Zâmbia, onde, no verão de 1997, havia 176 perseguidores de bruxas ativos e onde, desde então, as caças às bruxas "ocorreram sem trégua", com acusadas sendo expulsas de suas aldeias, tendo suas posses confiscadas e, muitas vezes, sendo torturadas e assassinadas[9].

Em muitas ocorrências, os caçadores de bruxas atuaram impunemente, mesmo à luz do dia. Na maioria das vezes, as forças policiais ficam ao lado deles ou se recusam a prendê-los para evitar serem acusadas de proteger bruxas ou porque não conseguem encontrar pessoas dispostas a testemunhar contra eles. Os governos também têm observado a distância. Com exceção do governo da África do Sul, nenhum investigou seriamente as circunstâncias desses assassinatos. E, o que é mais surpreendente, as feministas não se manifestaram abertamente contra isso. Temem, talvez, que denunciar essas caças às bruxas promova estereótipos coloniais da população africana como atolada no atraso e na irracionalidade. Tais temores não são infundados, mas são equivocados. As caças às bruxas não são apenas um problema africano, mas um problema global. São parte de um padrão mundial de violência crescente contra as mulheres, o qual precisamos combater. Assim, precisamos compreender as forças e a dinâmica social responsável pelas caças às bruxas.

Nesse contexto, é importante enfatizar que, na África, os movimentos contra a bruxaria só se iniciaram durante o período colonial, junto com a introdução de economias monetizadas que

---

[9] Hugo F. Hinfelaar, "Witch-Hunting in Zambia and International Illegal Trade", em Gerrie ter Haar (ed.), *Imagining Evil*, cit., p. 233.

alteraram profundamente as relações sociais, criando novas formas de desigualdade[10]. Antes da colonização, "bruxas" eram, às vezes, punidas, mas raramente assassinadas. Na verdade, é mesmo questionável se podemos falar em "bruxaria" quando nos referimos ao período pré-colonial, já que o termo não era usado antes da chegada de povos europeus.

Foi nos anos 1980 e 1990 – junto com a crise da dívida, o ajuste estrutural* e a desvalorização da moeda – que o medo das chamadas bruxas se tornou uma preocupação predominante nas comunidades africanas, tanto que "mesmo grupos étnicos [...] que não tinham conhecimento da bruxaria antes da era colonial hoje acreditam que têm bruxas entre si"[11].

Por que esse ressurgimento de uma perseguição que de certa maneira é remanescente da caça às bruxas do século XVII? Essa

---

[10] Elom Dovlo, "Witchcraft in Contemporary Ghana", em Gerrie ter Haar (ed.), *Imagining Evil*, cit. p. 70, entre outros, registra uma ascensão das práticas de bruxaria e de santuários de combate à bruxaria em Gana após o advento do colonialismo, em especial após o desenvolvimento da indústria do cacau, que criou uma nova divisão de classes. Nos anos 1950, o movimento de perseguição às bruxas, aparentemente desencadeado pelo aumento dos preços do cacau no mercado mundial, se desenvolveu e se espalhou até em terras iorubás da Nigéria. Isso foi financiado por empresários que temiam a competição das vendedoras bem organizadas e viam seu sucesso econômico como ameaça à autoridade masculina nos lares. Andrew H. Apter, "Atinga Revisited: Yoruba Witchcraft and the Cocoa Economy, 1950-1951", em Jean Comaroff e John Comaroff (eds.), *Modernity and Its Malcontents: Ritual and Power in Postcolonial Africa* (Chicago, University of Chicago Press, 1993), p. 111-28.

* Programas de Ajuste Estrutural (SAPs, na sigla em inglês) promovidos pelo Banco Mundial e o Fundo Monetário Internacional, principalmente durante os anos 1980, que implicavam uma série de reformas econômicas, com ênfase na privatização de serviços, consideradas obrigatórias para que os países não desenvolvidos obtivessem acesso a empréstimos. Essas reformas levaram à redução dos salários e dos preços de produtos agrícolas, o que impactou na situação econômica da população rural. (N. T.)

[11] Umar Habila Dadem Danfulani, "Anger as a Metaphor of Witchcraft: The Relation between Magic, Witchcraft, and Divination among the Mupun of Nigeria", em Gerrie ter Haar (ed.), *Imagining Evil*, cit., p. 181.

é uma pergunta difícil de responder se desejarmos ir além das causas imediatas. A situação é complicada pelo fato de que há diferentes motivos por trás de uma denúncia de bruxaria. Uma acusação de bruxaria pode ser resultado de um conflito de terra ou de rivalidades e competições econômicas, pode mascarar a recusa de sustentar a família ou membros da comunidade vistos como consumo desnecessário de recursos ou pode ser um esquema para justificar o cercamento de terras comunais.

O certo é que não vamos encontrar uma explicação para esse fenômeno recorrendo à "visão de mundo africana". De forma similar, o ponto de vista de que as acusações de bruxaria são mecanismos niveladores, usados para defender valores comunais contra a acumulação excessiva de riqueza, dificilmente explicam essas perseguições, dadas suas consequências destrutivas para as comunidades africanas e dado o fato de que muitas acusadas são mulheres pobres. O ponto de vista mais convincente é de que essas caças às bruxas não são um legado do passado, e sim uma reação à crise social produzida pela reestruturação neoliberal das políticas econômicas da África. Uma análise detalhada das formas como a globalização econômica criou um ambiente que conduziu às acusações de bruxaria é oferecida por Justus Ogembo em *Contemporary Witch-Hunting in Gusii, Southwestern Kenya* [A caça às bruxas contemporânea em Gusii, sudoeste do Quênia]. Ao descrever uma situação que se repete em países continente afora, Ogembo argumenta que os programas de ajuste estrutural e a liberalização comercial desestabilizaram tanto as comunidades africanas, minaram de tal forma seu sistema reprodutivo e jogaram lares em "privação e desespero" tamanhos que muitas pessoas acabaram por acreditar que são vítimas de conspirações malignas levadas a cabo por meios sobrenaturais[12]. Ele indica que, depois que o Quênia passou pelo "ajuste estrutural" de sua economia, o desemprego atingiu níveis sem precedentes e a moeda foi desvalorizada, fazendo com que os produtos de primeira necessidade se tornassem indisponíveis e os subsídios estatais a serviços básicos como educação, saúde e transporte público fossem cortados.

Em resumo, milhões de pessoas, tanto nas comunidades rurais como nas urbanas, se viram encurraladas, incapazes de prover a subsistência da família e da comunidade e sem esperanças para o futuro. Taxas de mortalidade cada vez mais elevadas, especialmente entre crianças, devido a colapso dos sistemas de saúde, desnutrição crescente e disseminação da aids contribuíram para fomentar as suspeitas de atividade criminosa. Ogembo argumenta que a perseguição das bruxas foi ainda mais instigada pela proliferação de seitas fundamentalistas cristãs, injetando novamente na religião o medo do diabo, explorando, pela aparição de autodenominados "curandeiros tradicionais", a incapacidade das pessoas de pagar taxas hospitalares e escondendo sua incompetência atrás de apelos ao sobrenatural.

A análise de Ogembo é compartilhada por bastantes estudiosas e estudiosos. No entanto, outros aspectos da globalização econômica foram observados e oferecem um contexto para a compreensão da onda de caça às bruxas. Uma visão é de que a crença em bruxas tem sido manipulada para justificar a expropriação das terras da população. Após a guerra, em algumas áreas de Moçambique, por exemplo, mulheres que insistiram em manter as terras

---

[12] Justus M. Ogembo, *Contemporary Witch-Hunting in Gusii*, cit., p. 125.

do casal depois da morte do marido foram acusadas, por parentes do falecido, de serem bruxas[13]. Outras foram acusadas quando se recusaram a deixar a terra que tinham arrendado durante a guerra[14]. As disputas de terra também estão na origem de muitas acusações feitas no Quênia. Nos dois países, a carência de terras agrava a intensidade dos conflitos.

As acusações por bruxaria também são meios de cercamento. À medida que as agências internacionais, junto com os governos africanos, fazem pressões pela privatização e pela alienação das terras comunais, as acusações por bruxaria se tornam meios poderosos de romper a resistência que está para ser desapropriada. Como o historiador Hugo Hinfelaar observa, em relação à Zâmbia,

> na atual era de descontroladas "forças de mercado", como apregoado pelo presente governo e outros apoiadores do neoliberalismo, o confisco de terras e outras formas de propriedade adquiriu uma dimensão mais sinistra. Notou-se que as acusações por bruxaria e rituais de limpeza são especialmente numerosas em áreas destinadas ao manejo e à criação de animais selvagens, ao turismo e à ocupação por latifundiários [...]. Alguns chefes e líderes lucram com a venda de porções consideráveis de seus domínios para investidores internacionais, e a promoção da divisão social na aldeia facilita a transação. Uma aldeia dividida não terá força para se unir e enfrentar as tentativas de fazer

---

[13] Liazzat Bonate, "Women's Land Rights in Mozambique: Cultural, Legal and Social Contexts", em L. Muthoni Wanyeki (ed.), *Women and Land in Africa: Culture, Religion and Realizing Women's Rights* (Londres, Zed, 2003), p. 11, 74 e 115.

[14] Em *A Field of One's Own: Gender and Land Rights in South Asia*, Bina Awargal encontra o mesmo padrão sul-asiático: "Nas comunidades em que as mulheres são proprietárias de terras, tais direitos tendem a provocar hostilidade – divórcios, acusações por bruxaria, ameaças, ataques, torturas e até assassinato". Citado em L. Muthoni Wanyeki (ed.), *Women and Land in Africa*, cit., p. 74.

com que a terra cultivada seja tomada por outras pessoas. Na verdade, às vezes as pessoas que vivem na aldeia estão tão envolvidas em acusar umas às outras pela prática de bruxaria que dificilmente percebem que estão sendo desapropriadas e que foram transformadas em invasoras de sua própria terra ancestral.[15]

Outra origem das acusações por bruxaria é a característica cada vez mais misteriosa das transações econômicas e da consequente inabilidade das pessoas em entender as forças que governam a própria vida[16]. À medida que as economias locais são transformadas por políticas internacionais e pela "mão invisível" do mercado global, torna-se difícil compreender o que provoca a mudança econômica e por que algumas pessoas prosperam enquanto outras são depauperadas. O resultado é um clima de ressentimento e suspeita mútuos em que pessoas que se beneficiam da liberalização econômica temem ser alvo de feitiços daquelas que empobreceram, e a população pobre, em grande parte de mulheres, enxerga a riqueza da qual é excluída como resultado de artifícios malignos. Jane Parish diz: "Esse conflito [...] entre duas economias morais* é uma característica determinante das crenças mágicas hoje em Gana. Estão em jogo a primazia da sociabilidade e as relações reprodutivas locais, subvertidas e distorcidas pelos efeitos alienantes da comoditização global". Empreendedores

---

[15] Hugo F. Hinfelaar, "Witch-Hunting in Zambia and International Illegal Trade", cit., p. 238.

[16] Justus M. Ogembo, *Contemporary Witch-Hunting in Gusii*, cit., ix.

* Termo usado pelo historiador marxista inglês Edward P. Thompson (1924-1993) para designar tradições, costumes, superstições e obrigações sociais que orientavam o comportamento econômico da classe trabalhadora inglesa especificamente no século XVIII. Posteriormente, o termo tem sido usado, com significados mais amplos, por outros pesquisadores e pesquisadoras nas ciências sociais. (N. T.)

ganeses da zona urbana muitas vezes caracterizam a bruxa como mulher gananciosa que, em segredo, inveja sua riqueza e sua posição social e que "exige, de maneira irracional, que mais e mais investimentos financeiros sejam injetados novamente na comunidade empresarial local em vez de serem desviados". Nesse sentido, Parish sugere que "o medo da bruxaria pode ser visto como uma crítica ao dinheiro ganho fora da economia local e da falha em redistribui-lo adequadamente"[17].

A caça às bruxas também é atribuída à ansiedade causada pela proliferação de "economias ocultas" resultantes da desregulamentação global da atividade econômica e da busca por novos modelos de negócios. O tráfico de órgãos e partes do corpo a serem usados em transplantes ou rituais associados à aquisição de riqueza se disseminou pela África, bem como em outras partes do mundo, gerando o medo de que forças do mal minem as energias vitais e a humanidade das pessoas. Nesse sentido, as acusações por bruxaria – como as histórias de vampiros na África colonial, estudadas por Louise White[18] – podem ser vistas como reação à

---

[17] Jane Parish, "From the Body to the Wallet: Conceptualizing Akan Witchcraft at Home and Abroad", *Journal of the Royal, Anthropology Institute* 6, n. 3, set. 2000, p. 487, 489-90 e 494. Disponível em: ‹https://www.google.com/url?sa=t&rct=j&q=&esrc=s&source=web&cd=2&-ved=2ahUKEwiCqMrZvZnjAhUDHbkGHXEWAlQQFjABegQIARAC&url=http%3A%2F%2Fwww.urbanlab.org%2Farticles%2FParish%2C%2520Jane%25202000%2520From%2520the%2520body%2520to%2520the%2520wallet.pdf&usg=AOvVaw1sSqNeH3JRrqycCkli2dA_›; acesso em: 13 jun. 2018. Peter Geschiere e Francis Nyamnjoh, "Witchcraft in the 'Politics of Belonging'", *African Studies Review* 41, n. 3, dez. 1998, p. 69-91; Wim Van Binsbergen, "Witchcraft in Modern Africa as Virtualized Boundary Condition of the Kinship Order", em George Clement Bond e Diane M. Ciekawi (eds.), *Witchcraft Dialogues: Anthropology and Philosophical Exchanges*, Africa Series n. 76 (Athens, Ohio University Center for International Studies, 2001), p. 212-62.

[18] Em *Speaking with Vampires: Rumors and History in Colonial Africa* (Berkeley, University of California Press, 2000), Louise White relata que nas colônias de Quênia, Tanganica e Rodésia do Norte [atual Zâmbia], nos anos 1930, circularam entre a população

comodificação da vida e tentativa do capitalismo não apenas de reativar o trabalho escravo, mas de transformar corpos humanos em meios de acumulação[19].

Embora múltiplos fatores tenham se combinado para produzir um clima em que o medo de bruxas se desenvolve, existe consenso de que na raiz das caças às bruxas está uma batalha feroz pela sobrevivência que assume a forma de luta intergeracional. São os homens jovens, muitas vezes sem emprego, que propiciam a mão de obra para as caças às bruxas, embora, com frequência, executem planos tramados por outros protagonistas, que permanecem nas sombras. São pessoas que vão de casa em casa recolher o dinheiro necessário para pagar o perseguidor de bruxas ou armar a emboscada e executar a acusada.

Sem chance de frequentar a escola, perspectiva de sobreviver cultivando a terra ou encontrar outras formas de renda, incapazes de cumprir seu papel como provedores da família, muitos homens jovens da África estruturalmente ajustada se desesperam em relação a seu futuro e podem ser conduzidos a guerrear com suas comunidades[20]. Contratados e treinados como mercenários por políticos, exércitos rebeldes, empresas privadas ou pelo Estado, eles estão prontos para organizar expedições punitivas, especialmente

---

africana muitos boatos sobre pessoas brancas que tiravam o sangue de pessoas negras ou tinham em casa fossos em que as mantinham antes de se alimentarem delas.

[19] Jean Comaroff e John Comaroff (eds.), *Modernity and Its Malcontents*, cit., p. 281-5.

[20] Nesse sentido, Ousseina Alidou falou em "militarização" da juventude africana referindo-se à expropriação radical sofrida pela população jovem como resultado do ajuste estrutural e a consequente disponibilidade dos jovens para serem recrutados como mercenários para atividades militares que os levavam a prejudicar suas próprias comunidades. Trabalho apresentado no Peace Action Forum on Africa, Judson Church, Nova York, 17 de setembro de 2007.

contra pessoas idosas a quem culpam por seus infortúnios e a quem enxergam como fardo e obstáculo a seu bem-estar. É nesse contexto que (nas palavras de um idoso congolês) "a juventude representa uma [constante ameaça] para nós, velhos"[21].

Foi dessa forma que pessoas idosas, retornando a suas aldeias com as economias de uma vida, se viram acusadas de serem bruxas e tiveram sua casa e seus ganhos expropriados ou, pior, foram assassinadas – enforcadas, enterradas ou queimadas vivas[22]. Só em 1996, a Comissão Congolesa de Monitoramento dos Direitos Humanos registrou cerca de uma centena de casos de pessoas idosas acusadas de bruxaria que foram enforcadas[23]. Pensionistas também têm sido um alvo comum na Zâmbia, onde "acredita-se que líderes de aldeias conspirem com perseguidores de bruxas para arrancar-lhes os bens que adquiriram ao longo dos anos", o que impeliu um artigo de jornal a comentar: "Aposentar-se e voltar para casa se tornou um negócio arriscado!"[24]. Na zona rural, em Limpopo, África do Sul, homens jovens queimaram mulheres idosas vivas, acusando-as de transformar morros em zumbis a fim de conseguirem mão de obra escrava e fantasma e privar a juventude de trabalho[25]. Ao mesmo tempo, na República Democrática do Congo e, mais recentemente, no leste da Nigéria, as crianças também têm sido acusadas de ser demoníacas. Quem as acusa

---

[21] Louis Okamba, "Saving the Elderly from Prejudice and Attacks", *African Agenda* 2, n. 2, 1999, p. 35.

[22] Idem.

[23] Idem.

[24] Hugo F. Hinfelaar, "Witch-Hunting in Zambia and International Illegal Trade", cit., p. 236.

[25] Jean Comaroff e John Comaroff, "Occult Economies and the Violence of Abstraction", cit., p. 285.

são exorcistas de fé cristã ou "praticantes de curas tradicionais", que ganham a vida infligindo às crianças todos os tipos de tortura sob pretexto de purificar seus corpos possuídos por maus espíritos. Milhares de crianças foram torturadas dessa maneira em Angola, com a cumplicidade de pais e mães, provavelmente ansiosos por se livrarem dos jovens que eles não mais aguentavam. Muitas crianças foram abandonadas nas ruas (mais de 14 mil só em Kinshasa) ou assassinadas[26].

Aqui é importante enfatizar novamente o papel das seitas religiosas evangelizadoras (pentecostais, sionistas) que, ao longo dos últimos vinte anos, buscaram ganhar prosélitos na África urbana e rural. Sobre o pentecostalismo, Ogembo escreve: "Com sua ênfase no exorcismo, [o pentecostalismo] tem se aproveitado de crenças indígenas dos gusii sobre forças e poderes místicos, forçando as duas principais denominações do território Gusii a reexaminar suas doutrinas sobre essas questões"[27]. Ele acrescenta que, por meio de livros e discursos ao ar livre em mercados e outros espaços públicos, evangelistas aumentaram a ansiedade da população em relação ao diabo, pregando a existência de uma relação entre Satã, doença e morte. A mídia ajudou nesse processo, sinal de que a nova "loucura das bruxas" não é um fenômeno puramente espontâneo. Em Gana, são transmitidos diariamente programas

---

[26] Jeremy Vine, "Congo Witch-Hunt's Child Victims", *BBC On-line*, 22 dez. 1999. Disponível em: ‹http://news.bbc.co.uk/2/hi/africa/575178.stm›; acesso em: 7 maio 2018. Tracy McVeigh, "Children Are Targets in Nigerian Witch Hunt", *The Guardian*, 9 dez. 2007. Disponível em: ‹https://www.theguardian.com/world/2007/dec/09/tracymc veigh.theobserver›; acesso em: 7 maio 2018. Sharon LaFraniere, "African Crucible: Cast as Witches, then Cast Out", *The New York Times*, 15 nov. 2007. Disponível em: ‹https://www.nytimes.com/2007/11/15/world/africa/15witches.html›; acesso em: 7 maio 2018.

[27] Justus M. Ogembo, *Contemporary Witch-Hunting in Gusii*, cit., p. 109.

de rádio e televisão que relatam como as bruxas atuam e como podem ser identificadas. A bruxaria também é tema de músicas e filmes ganeses e dos sermões clericais, muitas vezes registrados em vídeos voltados para o consumo de massa.

Caça às bruxas como caça às mulheres

Como vimos, as recentes caças às bruxas alvejaram tanto pessoas jovens como idosas. Como nas caças às bruxas europeias do passado, entretanto, as mais frequente e violentamente afetadas foram as mulheres idosas. Em Gana, elas correm tanto perigo que foram criados "campos de bruxas", onde as acusadas vivem em exílio, após serem expulsas das aldeias e algumas vezes até deslocando-se para lá "voluntariamente" quando não estão mais em idade fértil ou estão sozinhas e se sentem vulneráveis a ataques[28]. Como Mensah Adinkrah relata, as mais velhas também foram a maioria das vítimas das caças às bruxas em Gana, em 1997 – quando muitas idosas foram atacadas de forma violenta e acusadas de provocar uma epidemia de meningite que afetou a região norte do país –, e em Gusii, entre 1992 e 1995. Os poucos homens assassinados ali foram culpados de associação com suspeitas de bruxaria ou foram mortos em seu lugar, quando as mulheres visadas não puderam ser encontradas ou esses homens tentaram

---

[28] Houve um debate em Gana sobre a natureza desses "campos", se deveriam ou não ser permitidos e se ofereciam às mulheres uma proteção verdadeira ou representavam uma violação dos direitos humanos. Ver Elom Dovlo, "Witchcraft in Contemporary Ghana", cit., p. 79. Mulheres integrantes do Parlamento insistiram que os campos deveriam ser fechados, mas abandonaram esse projeto após visitá-los e se encontrarem com as refugiadas ali.

protegê-las[29]. As mulheres são as principais vítimas no Congo, na África do Sul, na Zâmbia e na Tanzânia. A maioria, agricultoras que vivem sozinhas. No entanto, nas áreas urbanas são as vendedoras de rua que mais comumente sofrem ataques, quando os homens reagem à perda de segurança econômica e identidade masculina caluniando quem eles enxergam (ou acreditam) competir com eles. No norte de Gana, vendedoras têm sido acusadas de enriquecer transformando almas em mercadorias[30]. Na Zâmbia, quem está em perigo são as mulheres independentes "que muitas vezes viajam, na condição de empreendedoras e contrabandistas, pelas rodovias do país"[31]. Há perseguidores de bruxas que acusam mulheres que têm olhos vermelhos, alegando que é sinal de sua natureza maligna, embora "muitas mulheres tanzanianas tenham olhos de cor vermelha devido à fumaça do fogo de cozinhar"[32].

O que acontece, portanto, é um amplo ataque contra as mulheres, que reflete uma drástica desvalorização de sua posição e sua identidade. Preconceitos patriarcais "tradicionais" certamente exercem um papel nisso. Moldadas por valores religiosos androcêntricos, tanto indígenas como enxertados nelas pelas colonização, as culturas africanas retrataram as mulheres como mais ciumentas, vingativas e dissimuladas que os homens e mais predispostas às formas perversas de bruxaria[33]. O papel das mulheres na reprodução familiar

---

[29] Justus M. Ogembo, *Contemporary Witch-Hunting in Gusii*, cit., p. 21.

[30] Elom Dovlo, "Witchcraft in Contemporary Ghana", cit., p. 83.

[31] Mark Auslander, "Open the Wombs: The Symbolic Politics of Modern Ngoni Witch-Finding", em Jean Comaroff e John Comaroff (eds.), *Modernity and Its Malcontents*, cit., p. 172.

[32] Richard Petraitis, "The Witch Killers of Africa", cit.

[33] Elom Dovlo, "Witchcraft in Contemporary Ghana", cit., p. 83.

amplia o medo que os homens têm de seus poderes. Entrevistado por Allison Berg, o administrador de um dos campos de bruxas de Gana foi explícito em sua conclusão. As bruxas, disse ele, são mulheres porque "são as mulheres que cozinham para os homens!"[34]. No entanto, as visões patriarcais de feminilidade não explicam a expansão da misoginia representada por essas caças às bruxas. Isso fica evidente quando consideramos a crueldade das punições, ainda mais alarmante na medida em que são infligidas a mulheres idosas em comunidades em que a velhice sempre impôs grande respeito. Referindo-se às caças às bruxas em Gusii, Ogembo diz:

> Habitantes da aldeia faziam buscas e "detinham" as suspeitas em suas casas à noite ou as perseguiam como presas durante o dia, amarravam suas mãos e seus pés com sisal, as incendiavam – depois de encharcá-las com gasolina comprada antecipadamente ou de colocá-las sob coberturas de capim – e, então, recuavam para observar as vítimas agonizando e se extinguindo nas chamas. Algumas das que morriam dessa maneira deixavam uma prole aterrorizada e agora órfã.[35]

Calcula-se que milhares de mulheres tenham sido queimadas, enterradas vivas ou, ainda, espancadas e torturadas até a morte. Em Gana, as crianças têm sido encorajadas a apedrejar idosas acusadas por bruxaria. Na verdade, não conseguiríamos explicar tal brutalidade se não tivéssemos tais precedentes históricos e exemplos mais recentes de outras partes de nossa "aldeia global", como Índia e Papua Nova Guiné.

A comparação histórica que vem à mente é a das caças às bruxas que aconteceram na Europa entre os séculos XV e XVIII, que

---

[34] Allison Berg, *Witches in Exile*, cit.

[35] Justus M. Ogembo, *Contemporary Witch-Hunting in Gusii*, cit., p. 1.

enviaram centenas de milhares de mulheres à fogueira. Esse é um precedente que especialistas em caça às bruxas na África não gostam de reconhecer, devido aos contextos históricos e culturais imensamente diferentes. Além disso, ao contrário das caças às bruxas europeias, aquelas que acontecem na África ou Índia hoje não são obra de magistrados, reis e papas. Ainda assim, compartilham elementos importantes com as caças às bruxas europeias que não podem ser rejeitados e que nos ajudam a "historicizar" a perseguição atual[36], lançando luz sobre a caça às bruxas como instrumento disciplinador.

Há ecos das caças às bruxas da Europa nos crimes de que, hoje, as "bruxas" africanas são acusadas, os quais muitas vezes parecem ter sido apropriados das demonologias europeias, refletindo, de forma plausível, a influência da evangelização: voos noturnos, mudança de forma, canibalismo, indução de esterilidade nas mulheres, morte de recém-nascidos e destruição de plantações. Além disso, nos dois casos, as "bruxas" são predominantemente idosas e agricultoras pobres que, em geral, moram sozinhas ou mulheres que supostamente competiriam com os homens. Sobretudo, como nas caças às bruxas da Europa, as novas caças às bruxas da África acontecem em sociedades que estão passando por um processo de "acumulação primitiva", no qual muitos agricultores e agricultoras são forçados a deixar a terra, novas relações de propriedade e novos conceitos de geração de valor se consolidam e a solidariedade comunal sucumbe sob o impacto da pressão econômica.

Como argumentei em *Calibã e a bruxa*, sob essas circunstâncias, não é mera coincidência que as mulheres, as mais velhas em

---

[36] Andrew H. Apter, "Atinga Revisited", cit., p. 97.

especial, sofram um processo de degradação social e se tornem alvo de uma guerra de gênero. Em parte, como vimos, em um momento de escassez de recursos, esse desdobramento pode ser atribuído à relutância da população jovem em apoiar seus familiares e à avidez em se apropriar das posses dessas pessoas. O crucial, porém, é que, quando as relações monetárias se tornam hegemônicas, a contribuição das mulheres para a comunidade é totalmente "desvalorizada". Isso é verdade, em especial, para as mulheres mais velhas que já não rendem crianças ou serviços sexuais e, portanto, parecem ser um escoadouro da produção de riqueza.

Há aí um paralelo significativo entre o ataque, realizado por acusações de bruxaria, contra trabalhadoras rurais africanas idosas e a campanha ideológica que o Banco Mundial vem organizando por todo o continente para promover a comercialização da terra, afirmando que a terra será um "recurso morto" enquanto for usada como meio de sobrevivência e abrigo, tornando-se produtiva apenas quando é dada aos bancos como garantia de crédito[37]. Defendo que pessoas mais velhas, muitas mulheres e homens, hoje sofrem perseguições na África pela prática de bruxaria porque também são vistas como recursos mortos, a corporificação de um mundo de práticas e valores que cada vez mais é considerado estéril e improdutivo.

Ao apresentar essa ideia, não pretendo minimizar a importância do emaranhado de injustiças, antigas e novas, que se combinam para produzir, em cada instância, as acusações de bruxaria. Rumores antigos formados por mortes misteriosas, principalmente

---

[37] Ambreena Manji, *The Politics of Land Reform in Africa: From Communal Land to Free Markets* (Londres, Zed, 2006).

de crianças, o desejo de se apropriar de bens cobiçados (algumas vezes apenas um rádio ou uma televisão), a raiva contra um comportamento adúltero e, sobretudo, as disputas de terra ou simplesmente a decisão de expulsar as pessoas da terra são a essência cotidiana das perseguições africanas, como foram nas caças às bruxas na Europa. A estrutura da família poligâmica também contribui para incitar acusações por bruxaria, provocando ciúmes e competição entre coesposas, irmãs e irmãos em relação à distribuição dos bens familiares. Por conseguinte, as madrastas e coesposas se sobressaem entre as acusadas. A crescente escassez de terras intensifica esses conflitos, pois agora os maridos têm dificuldade em sustentar todas as esposas, o que provoca intensas rivalidades entre elas e entre filhos e filhas da família. Após a guerra em Moçambique, como vimos, a luta por terra levou até as mulheres a acusarem umas às outras de prática de bruxaria[38]. Ainda assim, não poderemos compreender como esses conflitos incitam ataques tão cruéis contra mulheres idosas a menos que os coloquemos em um quadro mais amplo. Trata-se de um universo de desintegração da economia comunal da aldeia em que as mulheres mais velhas são as que mais vigorosamente defendem o uso não capitalista dos recursos naturais – praticando a agricultura de subsistência e se recusando, por exemplo, a vender sua terra e suas árvores a fim de preservá-las pela segurança de sua prole[39] – e no qual uma geração de jovens cresce tendo a mente

---

[38] Heidi Gengenbach, "'I'll Bury You in the Border!' Women's Land Struggles in Post-war Facazisse (Magude District), Mozambique", *Journal of Southern African Studies* 24, n. 1, mar. 1998, p. 7-36.

[39] Na região de Anchilo, em Moçambique – local onde as mulheres que insistem em manter seus direitos sobre a terra têm sido acusadas de serem bruxas –, das 36 mulheres entrevistadas, apenas 7 responderam que venderiam as árvores que herdaram,

perturbada pelas dificuldades enfrentadas e já acreditando que as pessoas mais velhas não podem mais garantir seu futuro ou, ainda pior, impedem seu acesso aos bens. Como Mark Auslander disse, baseando-se em sua experiência no território Ngoni (Zâmbia oriental), homens idosos também são enredados nesse conflito entre os valores do antigo universo comunal orientado para a subsistência e os valores de avanço da economia monetária.

Em canções e peças populares, eles se queixam de que filhos e filhas irão envenená-los para vender seu gado a fim de obter dinheiro e comprar fertilizantes químicos ou um caminhão. No entanto, a "batalha para enriquecer" é "travada [acima de tudo] sobre o corpo feminino"[40], porque acredita-se que as mulheres mais velhas representam ameaça especial à reprodução das comunidades, por destruírem plantações, tornarem as jovens inférteis e se apropriarem do que elas possuem. Em outras palavras, a batalha é travada sobre o corpo das mulheres, porque elas são vistas como as principais agentes de resistência à expansão da economia monetizada e, assim sendo, como indivíduos inúteis, que monopolizam de forma egoísta os recursos que a juventude poderia usar. Desse ponto de vista, a presente caça às bruxas, bem como a ideologia que o Banco Mundial promove com relação à terra, representa uma complexa distorção do conceito tradicional

---

enquanto as outras disseram que desejavam mantê-las para filhos e filhas. Ver Liazzat Bonate, "Women's Land Rights in Mozambique", cit., p. 113. Como Mark Auslander conta: "Dr. Moses [perseguidor de bruxas] e seus seguidores parecem valorizar imensamente as fotos que dei a eles. Em diversas ocasiões o doutor mencionou sua esperança de usar esse material em uma série de televisão". Contudo, Auslander admite que, "em algumas ocasiões, sem dúvida fiz aumentar a angústia do participante". Ver Mark Auslander, "Open the Wombs", cit., p. 190.

[40] Mark Auslander, "Open the Wombs", cit., p. 170.

de geração de valor que é simbolizada pelo desprezo que caçadores de bruxa demonstram pelo corpo das mulheres mais velhas, a quem eles ridicularizaram, algumas vezes, na Zâmbia, como "vaginas estéreis".

Como vimos, a eliminação das mulheres idosas que trabalhavam na agricultura de subsistência não é o único motivo por trás dos ataques perpetrados contra as "bruxas" africanas. Como na Europa do século XVI, muitos homens reagem hoje à ameaça que a expansão das relações capitalistas representa para sua segurança econômica e sua identidade masculina difamando as mulheres que eles acreditam competir com eles. Assim, as feirantes, uma grande força social na África, com frequência são acusadas de serem bruxas graças a políticos que as culpam pelas altas taxas de inflação causadas pela liberalização da economia[41].

O ataque contra as comerciantes, porém, envolve o confronto entre sistemas de valores opostos. Como relatado por Jane Parish, em Gana, as acusações por bruxaria se desenrolam no conflito entre os valores de comerciantes das aldeias, predominantemente mulheres, que insistem em aplicar o dinheiro que ganham na economia local, onde podem manter o controle dele, e os valores dos empresários homens que estão envolvidos com o mercado de exportação e importação e enxergam o mercado mundial como horizonte econômico[42]. Aspectos sexuais também integram o cenário, já que os mesmos empresários temem que as "bruxas" possam se apropriar de seus corpos (bem como de suas carteiras) por meio de artes sexuais. Ainda assim, a acusação mais frequentemente

---

[41] Ibidem, p. 182.

[42] Jane Parish, "From the Body to the Wallet", cit., p. 487-501.

apresentada contra as "bruxas" é de que elas são estéreis e produzem esterilidade, tanto sexual quanto econômica, nas pessoas que enfeitiçam[43]. "Abram os ventres!", foi a ordem dada às mulheres acusadas de tornar outras mulheres estéreis em uma comunidade rural da Zâmbia oriental durante uma campanha de busca por bruxas em 1989[44]. Enquanto isso, seus corpos eram abertos com dezenas de incisões de navalha nas quais era derramado um medicamento "purificador"[45].

Caça às bruxas e ativismo feminista: reconstruindo os bens comuns

Considerando o perigo que as caças às bruxas africanas representam para as mulheres, o sofrimento que causam, o modo como violam o corpo e os direitos das mulheres, só podemos especular os motivos pelos quais as feministas não se manifestaram nem se mobilizaram contra esse fenômeno. Algumas pessoas podem pensar, talvez, que se ater a esse assunto desviaria a atenção de preocupações políticas mais amplas, como guerra, dívida global e crise ambiental. Como mencionei, pode também haver relutância em enfrentar esse tópico por medo de promover uma imagem colonial das populações africanas como atrasadas. O resultado, porém, é que foram principalmente jornalistas e pesquisadoras e pesquisadores acadêmicos que analisaram essa perseguição que, como consequência, foi despolitizada. A maioria das

---

[43] Mark Auslander, "Open the Wombs", cit., p. 179.

[44] Ibidem, p. 167.

[45] Ibidem, p. 174.

descrições é escrita de forma neutra, mostrando pouca indignação pelo terrível destino que muitas das acusadas enfrentaram. Com poucas exceções, nenhum dos relatos que li foi escrito em tom de defesa ou protesto diante da indiferença de instituições nacionais e internacionais a esse massacre. A maioria das análises antropológicas se interessa em demonstrar que as novas caças às bruxas não são um retorno às tradições, mas o modo como as populações africanas tratam os desafios da "modernidade". Poucas trazem palavras de solidariedade em relação às mulheres, aos homens e às crianças que foram assassinados. Um antropólogo até colaborou com um perseguidor de bruxas. Ao longo de meses, o antropólogo o acompanhou, viajando pela Zâmbia, de aldeia em aldeia, para exorcizar as pessoas que ele identificava como bruxas. O pesquisador gravou toda a prática, muitas vezes tão violenta que ele a comparou a uma incursão de bandidos armados, com pessoas sendo ofendidas, aterrorizadas e dilaceradas, supostamente para forçar os maus espíritos a sair dos corpos. Então, para a satisfação do perseguidor de bruxas, o antropólogo lhe entregou as fotos que fez, sabendo que seriam usadas para a divulgação de seu trabalho.

A primeira contribuição das feministas, portanto, deveria ser o envolvimento em um tipo diferente de investigação, que analisasse as condições sociais que produzem as caças às bruxas. Isso ajudaria a construir um apoio público de ativistas pelos direitos humanos e grupos de justiça social comprometidos com a documentação, a divulgação e a eliminação das perseguições. Exemplos desse tipo de produção de conhecimento e ativismo não faltam. Por anos, as feministas da Índia mobilizaram a opinião pública contra os assassinatos por dotes, transformando-os em um tema global, enquanto mantinham o controle sobre sua definição. O mesmo processo deve acontecer no caso das caças às bruxas na África: devem ser colocadas no primeiro plano do ativismo político, tanto porque constituem importantes violações dos direitos humanos como porque questões cruciais estão em jogo nessas perseguições que se encontram no cerne da economia política da África e da vida social em grande parte do planeta.

Estão em jogo a vida das mulheres, os valores transmitidos às novas gerações e a possibilidade de cooperação entre mulheres e homens. Também está em jogo o destino dos sistemas comunais que moldaram a vida na África e em muitas partes do mundo até o advento do colonialismo. Mais que em qualquer outro lugar, na África, o comunalismo definiu a vida social e a cultura por gerações, sobrevivendo até depois dos anos 1980, porque, em muitos países, a terra nunca foi alienada, mesmo no período colonial, embora grande parte dela tenha sido desviada para a produção agrícola comercial. Na verdade, a África tem sido vista por muito tempo como local de escândalo por responsáveis pelo planejamento de políticas capitalistas, que receberam os programas de ajuste estrutural do Banco Mundial como oportunidade de desenvolver o comércio de terras africanas. No entanto, como as atuais caças às bruxas indicam, o comunalismo africano passa por uma crise histórica, e é aí que se encontra o desafio político dos movimentos por justiça social.

É importante que essa crise não seja confundida com uma denúncia contra as relações comunais, pois o que está em crise na África não é o comunalismo em si, e sim um modelo de relações comunais que, por mais de um século, tem estado sob ataque e que, mesmo em sua melhor forma, não se baseou em relações totalmente igualitárias. No passado, talvez as mulheres não fossem queimadas como bruxas por familiares de seus maridos quando tentavam manter as terras deixadas para elas, como acontece hoje em Moçambique, mas as leis consuetudinárias sempre foram discriminatórias contra elas, em relação à herança e mesmo ao uso da terra. É como resposta a essa discriminação que, ao longo da última década, como L. Muthoni Wanyeki documentou em *Women and Land in Africa* [Mulheres e terras na África], de 2003, o movimento de mulheres cresceu no continente para exigir reforma agrária e direito à terra para as mulheres. Contudo, esse movimento não terá sucesso em um contexto em que as mulheres que reivindicam a terra ou que insistem em manter a terra que adquiriram são tratadas como bruxas. Pior ainda, esse movimento pode ser usado para justificar o tipo de reforma agrária que o Banco Mundial está promovendo, que substitui a distribuição pela titulação e pela legalização das terras. Algumas feministas podem acreditar que a titulação dá às mulheres mais segurança ou evita as disputas de terra que muitas vezes são a origem da caça às bruxas e outras formas de guerra na África rural. Essa convicção, entretanto, é ilusória, já que a reforma da lei agrária promovida pelo Banco Mundial e outros agentes de desenvolvimento – como a Agência dos Estados Unidos para o Desenvolvimento Internacional (Usaid, na sigla em inglês) e o governo britânico – só beneficiará investidores estrangeiros, enquanto dá lugar a mais dívida rural, mais alienação de terras e mais conflitos entre a população expropriada[46]. Em vez disso, são necessárias novas formas de comunalismo garantindo acesso igualitário à terra e a outros recursos comunais, em que as mulheres não sejam penalizadas se não

---

[46] Ambreena Manji, *The Politics of Land Reform in Africa*, cit., p. 35-46 e 99-132.

procriarem, se procriarem, mas não derem à luz crianças do sexo masculino, se forem idosas e não puderem mais procriar ou se forem viúvas e não derem à luz homens que possam sair em sua defesa. Em outras palavras, os movimentos feministas, dentro e fora da África, não devem permitir que a morte e o fracasso de uma forma patriarcal de comunalismo sejam usados para legitimar a privatização de recursos comunais. Em vez disso, deveriam se envolver na construção de bens comuns totalmente igualitários, aprendendo com o exemplo de organizações que seguiram esse caminho: Via Campesina e Movimento dos Trabalhadores Rurais Sem Terra no Brasil, Zapatistas – todos que enxergaram a construção do poder das mulheres e da solidariedade como condição fundamental de sucesso.

Na verdade, do ponto de vista da aldeia africana e das mulheres que foram vítimas da caça às bruxas, podemos dizer que o movimento feminista também está em uma encruzilhada e deve decidir "de que lado se encontra". As feministas dedicaram muitos esforços, durante as duas últimas décadas, a conseguir um espaço para as mulheres nas instituições, dos governos nacionais às Nações Unidas. Nem sempre, entretanto, fizeram esforço idêntico para "empoderar" as mulheres que suportaram a maior parte do impacto da globalização econômica na prática, principalmente as mulheres rurais. Dessa forma, enquanto muitas organizações feministas comemoraram a Década das Nações Unidas para a Mulher, elas deixaram de ouvir os gritos das mulheres que, nos mesmos anos, foram queimadas como bruxas na África e não perguntaram se "poder das mulheres" não é uma expressão vazia quando idosas podem ser torturadas, humilhadas, ridicularizadas e mortas impunemente pela juventude de suas comunidades.

As forças que incitam as caças às bruxas africanas são poderosas e não serão derrotadas com facilidade. Na verdade, a violência contra as mulheres terminará apenas com a construção de um mundo diferente, onde a vida das pessoas não seja "consumida" em prol da acumulação de riquezas. Começando agora, no entanto, podemos aproveitar a experiência que as mulheres ganharam internacionalmente para vislumbrar como organizar uma resposta eficaz. Nos anos 1990, confrontadas com a escalada constante no número de mortas na fogueira em "assassinatos por dote" cometidos por maridos ávidos para se casar novamente a fim de obter dinheiro e produtos que não poderiam pagar de outra maneira, as mulheres indianas lançaram uma extensa campanha educativa com peças de rua, manifestações e protestos pacíficos na frente das casas de assassinos ou das delegacias para convencer a polícia a prender os criminosos[47]. Elas também criaram canções e gritos de ordem dando o nome dos assassinos e humilhando-os, formaram grupos de vizinhas e organizaram assembleias públicas nas quais os homens prometiam nunca mais pedir dotes[48]. Professoras e professores foram às ruas protestar contra os assassinatos por dotes.

Essas ações táticas diretas também podem ser usadas para confrontar caçadores de bruxas africanos, que só podem continuar a torturar e matar enquanto acreditarem que têm permissão para fazer isso. As mulheres africanas estão particularmente bem equipadas para organizar esse tipo de mobilização, já que, no confronto com o poder colonial, elas criaram formas e táticas de luta que até os dias atuais garantem que sua voz seja ouvida. O que deve

---

[47] Radha Kumar, *The History of Doing: Illustrated Account of Movements for Women's Rights and Feminism in India 1800-1990* (Londres, Verso, 1997), p. 120-1.

[48] Ibidem, p. 122.

ser organizado é um movimento de mulheres que, por exemplo, *"sentam-se"** nos caçadores de bruxas, despem-se diante deles e realizam atos humilhantes de encenação de "incivilidade" pelos quais os movimentos de mulheres africanas de base popular são conhecidos[49]. Elas deveriam fazer isso diante das portas tanto dos criminosos na África como de agências internacionais nas capitais mundiais, onde as políticas que têm conduzido às caças às bruxas são formuladas.

Evidentemente, *"sitting on a man"* seria apenas um começo. No entanto, é importante reconhecermos que há muito o que as mulheres e as feministas podem fazer para se opor a essas novas caças às bruxas e que essa intervenção é urgentemente necessária. Pois, em um contexto social em que as relações comunais estão se desintegrando, poucas pessoas terão coragem de resgatar as mulheres e os homens idosos cercados por uma gangue de jovens com cordas e gasolina nas mãos. Isso significa que, se as mulheres não se organizarem contra essas caças às bruxas, ninguém mais fará isso, e a campanha de terror continuará sob a forma de caça às bruxas ou de novas maneiras. Uma lição que podemos tirar do retorno da caça às bruxas é que essa forma de perseguição

---

* Referência à prática das mulheres do povo igbo, do sul da Nigéria, conhecida como *"sitting on a man"* [sentar-se sobre o homem]. Tradicionalmente usada para controlar os homens das aldeias, essa prática foi transformada em tática de resistência durante a chamada Guerra das Mulheres de 1929, quando foi usada por mulheres de vários grupos étnicos nigerianos para protestar contra a intervenção das autoridades britânicas que restringiram o papel das mulheres em atividades econômicas antes controladas por elas, como as feiras. Usando trajes e pinturas especiais, as mulheres se reuniam diante da casa ou local de trabalho dos homens que queriam atingir dançando e entoando cantos para ridicularizá-los. (N. T.)

[49] Susan Diduk, "The Civility of Incivility: Grassroots Political Activism, Female Farmers and the Cameroon State", *African Studies Review* 47, n. 2, set. 2004, p. 27-54.

não está mais vinculada a um momento histórico específico. Ela adquiriu vida própria, de modo que os mesmos mecanismos agora podem ser usados em sociedades diversas, quando nelas houver pessoas que precisam ser ostracizadas e desumanizadas. As acusações de bruxaria, na verdade, são o mecanismo supremo de alienação e distanciamento, na medida em que tornam as pessoas acusadas – que ainda são principalmente mulheres – seres monstruosos, dedicados à destruição de suas comunidades, transformando-as, portanto, em não merecedoras de qualquer compaixão e solidariedade.

Conclusão

Este livro, que revisita alguns dos temas de *Calibã e a bruxa* e a relação que têm com a atual onda de violência contra as mulheres que testemunhamos, tenta responder a perguntas que são cruciais para qualquer movimento social.

Por que as mulheres – cujos corpos trouxeram a este mundo todas as pessoas que já viveram e que não apenas procriam, mas nutrem as crianças e reproduzem diariamente suas famílias – devem ser alvo de tanta violência, incluindo as caças às bruxas?

Como argumentei, principalmente na segunda parte, um aspecto do ataque contemporâneo contra as mulheres – em especial negras, colonizadas no passado, proletárias – é dirigido contra as possíveis mães de uma juventude rebelde, que rejeita a expropriação e luta para recuperar o que foi produzido por gerações de comunidades escravizadas. Nesse sentido, há uma continuidade entre o ataque a mulheres negras/"pobres" e a política de encarceramento em massa que o governo dos Estados Unidos pratica internamente e em todo o mundo. As mulheres do chamado Terceiro

Mundo também são transformadas em alvos da violência pelas políticas econômicas que as definem como sem utilidade, como fardos para suas comunidades e como defensoras de formas de produção supostamente contrárias ao bem comum (como a agricultura de subsistência). Um fator-chave na nova onda de violência contra as mulheres é a dependência da acumulação de capital em relação à prática do "extrativismo", que exige o deslocamento de comunidades atingidas e a destruição de seus meios de reprodução.

No entanto, o ataque contra as mulheres vem, sobretudo, da necessidade de o capital destruir o que não consegue controlar e degradar aquilo de que mais precisa para sua reprodução. Trata-se do corpo das mulheres, pois, mesmo nessa era de superautomação, nenhum trabalho e nenhuma produção existiria a não ser como resultado de nossa gestação. Bebês de proveta não existem — essa é uma fórmula discursiva que deveríamos rejeitar como expressão de uma busca masculina para a procriação fora do corpo feminino, que é uma das fronteiras que o capital ainda precisa superar.

A caça às bruxas, em todas as diversas formas, também é um meio poderoso de destruir relações comunais, injetando a suspeita de que sob a vizinha, a amiga, a amante se esconde outra pessoa, ansiosa por poder, sexo, riqueza ou simplesmente com desejo de cometer maldades. Como no passado, essa invenção é essencial em um momento em que a repulsa em relação ao capitalismo e a resistência a sua exploração crescem em todas as partes do mundo. É fundamental, para isso, que cada pessoa entre nós tenha medo das outras, suspeite das intenções das outras, se aproxime das outras sem nada em mente além daquilo que poderá ganhar ou do dano que elas poderão causar.

Por esse motivo, é importante haver um esforço para compreendermos a história e a lógica da caça às bruxas e as muitas maneiras pelas quais ela se perpetua em nossa época. Pois é apenas mantendo essa lembrança viva que poderemos evitar que ela se volte contra nós.

Bibliografia

ADINKRAH, Mensah. *Witches, Witchcraft and Violence in Ghana*. Nova York, Berghahn, 2015.

AGARWAL, Bina. *A Field of One's Own*: Gender and Land Rights in South Asia. Cambridge, Cambridge University Press, 1994.

AMUSSEN, Susan D. Gender, Family and the Social Order, 1560-1725. In: FLETCHER, Anthony; STEVENSON, John (orgs.). *Order and Disorder in Early Modern England*. Cambridge, Cambridge University Press, 1986, p. 196-217.

APPLEBY, Joyce Oldham. *Economic Thought and Ideology in Seventeenth Century England*. Nova Jersey, Princeton University Press, 1978.

APTER, Andrew H. Atinga Revisited: Yoruba Witchcraft and the Cocoa Economy, 1950--1951. In: COMAROFF, Jean; COMAROFF, John (org.). *Modernity and Its Malcontents*: Ritual and Power in Postcolonial Africa. Chicago, University of Chicago Press, 1993.

ARTEAGA, Leticia. Pobreza, violencia y el proyecto de las madres comunitarias en Colombia. Manuscrito inédito.

ASHFORD, Adam. Reflections on Spiritual Insecurity in a Modern African City (Soweto). *African Studies Review* 41, n. 3, dez. 1998, p. 39-67.

_____. *Witchcraft, Violence, and Democracy in South Africa*. Chicago, University of Chicago Press, 2005.

ASTILL, James. Congo Casts Out Its "Child Witches". *Guardian*, 11 maio 2003. Disponível em: ‹https://www.theguardian.com/world/2003/may/11/congo.jamesastill›; acesso em: 7 maio 2018.

AUSLANDER, Mark. Open the Wombs: The Symbolic Politics of Modern Ngoni Witch-Finding. In: COMAROFF, Jean; COMAROFF, John (orgs.). *Modernity and Its Malcontents*: Ritual and Power in Postcolonial Africa. Chicago, University of Chicago Press, 1993, p. 167-92.

AUSTEN, Ralph A. The Moral Economy of Witchcraft: An Essay in Comparative History. In: COMAROFF, Jean; COMAROFF, John (orgs.). *Modernity and Its Malcontents*: Ritual and Power in Postcolonial Africa. Chicago, University of Chicago Press, 1993, p. 89-110.

BASTIAN, Misty L. "Bloodhounds Have No Friends": Witchcraft and Locality in the Nigerian Popular Press. In: COMAROFF, Jean; COMAROFF, John (orgs.). *Modernity and Its Malcontents*: Ritual and Power in Postcolonial Africa. Chicago, University of Chicago Press, 1993, p. 129-66.

BBC NEWS. "Witches" Burnt to Death in Kenya. *BBC News*, 21 maio 2008. Disponível em: ‹http://news.bbc.co.uk/2/hi/africa/7413268.stm›; acesso em: jun. 2018.

BERG, Allison. *Witches in Exile*. São Francisco, California Newsreel, 2004, DVD, 79 min.

BONATE, Liazzat. Women's Land Rights in Mozambique: Cultural, Legal and Social Contexts. In: WANYEKI, L. Muthoni (org.). *Women and Land in Africa*: Culture, Religion and Realizing Women's Rights. Londres, Zed, 2003.

BOND, George Clement; CIEKAWI, Diane M. (orgs.) *Witchcraft Dialogues*: Anthropology and Philosophical Exchanges. International Studies, Africa Series n. 76. Athens, Ohio University Center for International Studies, 2001.

BONGMBA, Elias K. Witchcraft and the Christian Church: Ethical Implications. In: HAAR, Gerrie ter (org.). *Imagining Evil*: Witchcraft Beliefs and Accusations in Contemporary Africa. Trenton/Nova Jersey, Africa World Press, 2007.

CAPP, Bernard. *When Gossips Meet*: Women, Family, and Neighbourhood in Early Modern England. Oxford, Oxford University Press, 2003.

CAPUTI, Jane; RUSSELL, Diana E. H. Femicide: Sexist Terrorism against Women. In: RADFORD, Jill; RUSSELL, Diana E. H. (orgs.) *Femicide*: The Politics of Woman Killing. Nova York, Twayne, 1992, p. 13-21.

CAREY JR., David; TORRES, M. Gabriela. Precursors to Femicide: Guatemalan Women in a Vortex of Violence. *Latin American Research Review* 45, n. 3, jan. 2010, p. 142-64.

CHABAL, Patrick; DALOZ, Jean-Pascal. *Africa Works*: Disorder as Political Instrument. Oxford, James Currey, 1999.

CHAUDURI, Soma. *Witches, Tea Plantations, and Lives of Migrant Laborers in India*: Tempest in a Teapot. Lanham/Maryland, Lexington, 2013.

CIEKAWY, Diane; GESCHIERE, Peter. Containing Witchcraft: Conflicting Scenarios in Postcolonial Africa. *African Studies Review* 41, n. 3, dez. 1998, p. 1-14.

CLARK, Alice. *Working Life of Women in the Seventeenth Century*. Londres, Routledge & Kegan Paul, 1982 [1919].

COHN, Samuel K. Donne in piazza e donne in tribunale a Firenze nel rinascimento. *Studi Sorici* 22, n. 3, jul.-set. 1981, p. 515-32.

COMAROFF, Jean; COMAROFF, John (orgs.). *Law and Disorder in the Postcolony*. Chicago, University of Chicago Press, 2006.

_____ (orgs.). *Modernity and Its Malcontents*: Ritual and Power in Postcolonial Africa. Chicago, University of Chicago Press, 1993.

_____. Occult Economies and the Violence of Abstraction: Notes from the South African Postcolony. *American Ethnologist* 26, n. 2, maio 1999, p. 279-303.

CONSORCIO OAXACA et al. Violencia contra las mujeres: una herida abierta en Oaxaca: 371 feminicidios ¿dónde está la justicia? 2004-2011. *Recuento ciudadano*, nov. 2011. Disponível em: ‹https://issuu.com/consorciooaxaca/docs/herida-abierta-informe-oaxaca›. Acesso em: 9 jun. 2018.

CORNWALL, Julian. *Revolt of the Peasantry, 1549*. Londres, Routledge & Kegan Paul, 1977.

DALLA COSTA, Giovanna Franca. *The Work of Love*: Unpaid Housework, Poverty and Sexual Violence at the Dawn of the 21st Century. Nova York, Autonomedia, 2008.

DALY, Mary. *Gyn/Ecology*: The Methaethics of Radical Feminism. Boston, Beacon, 1978.

DANFULANI, Umar Habila Dadem. Anger as a Metaphor of Witchcraft: The Relation between Magic, Witchcraft, and Divination among the Mupun of Nigeria. In: HAAR, Gerrie ter (org.). *Imagining Evil*: Witchcraft Beliefs and Accusations in Contemporary Africa. Trenton/Nova Jersey, Africa World Press, 2007.

DEININGER, Klaus. *Land Policies for Growth and Poverty Reduction*: World Bank Policy Research Report. Washington, DC, World Bank/Oxford University Press, 2003.

DIDUK, Susan. The Civility of Incivility: Grassroots Political Activism, Female Farmers and the Cameroon State. *African Studies Review* 47, n. 2, set. 2004, p. 27-54.

DOVLO, Elom. Witchcraft in Contemporary Ghana. In: HAAR, Gerrie ter (org.). *Imagining Evil*: Witchcraft Beliefs and Accusations in Contemporary Africa. Trenton/Nova Jersey, Africa World Press, 2007, p. 67-112.

EHRENREICH, Barbara; ENGLISH, Deirdre. *Witches, Midwives, and Nurses*: A History of Women Healers. Nova York, Feminist, 1973.

EKINE, Sokari. Women's Response to State Violence in the Niger Delta. *Feminist Africa* 10, 2008, p. 67-83.

ELLIS, Stephen. Witching Times: A Theme in the Histories of Africa and Europe. In: HAAR, Gerrie ter (org.). *Imagining Evil*: Witchcraft Beliefs and Accusations in Contemporary Africa. Trenton/Nova Jersey, Africa World Press, 2007.

EVANS, Edward Payson. *The Criminal Prosecution and Capital Punishment of Animals*: The Lost History of Europe's Animal Trials. Londres, William Heineman, 1906.

FAGOTTO, Matteo. The Witch Hunts of India. *Friday Magazine*, 4 set. 2013. Disponível em: ‹http://fridaymagazine.ae/features/the-big-story/the-witch-hunts-of-india-1.12 27329#›; acesso em: 11 maio 2018.

FALQUET, Jules. De los asesinados de Ciudad Juárez al fenómeno de los feminicidios: nuevas forma de violencia contra las mujeres? *Viento Sur*, 30 dez. 2014. Disponível em: ‹http://vientosur.info/spip.php?article9684›; acesso em: 11 maio 2018. Traduzido do francês, originalmente publicado como Des assassinats de Ciudad Juárez au phénomène des féminicides: de nouvelles formes de violences contre les femmes? *Contretemps*, 1º out. 2014. Disponível em: ‹https://www.contretemps.eu/desassassinats-de-ciudad-juarez-au-phenomene-des-feminicidesde-nouvelles-formes-de-violences-contre-les-femmes/›; acesso em: 11 maio 2018.

_____. Femmes de ménage, loueuses d'utérus, travailleuses du sexe et travailleuses du care: le "dés-amalgamage conjugal" en contexte néolibéral: libération ou nouvelle formes d'appropriation? Trabalho apresentado no Coloque Internationale Travail, care et politiques sociales, débats Brésil-France, São Paulo, 26-29 ago. 2014.

_____. Hommes en armes et femmes "de service": tendances néolibérales dans l'évolution de la division sexuelle du travail. *Cahiers du Genre*, n. 40, 2006, p. 15-37.

FANON, Frantz. *The Wretched of the Earth*. Nova York, Grove, 1963.

FEDERICI, Silvia. *Caliban and the Witch*: Women, the Body and Primitive Accumulation. Nova York, Autonomedia, 2004 [ed. bras.: *Calibã e a bruxa*: mulheres, corpo e acumulação primitiva. Trad. Coletivo Sycorax, São Paulo, Elefante, 2017].

_____. *Revolution at Point Zero*: Housework, Reproduction, and Feminist Struggle. Oakland, PM Press, 2012 [ed. bras.: *O ponto zero da revolução*: trabalho doméstico, reprodução e luta feminista. Trad. Coletivo Sycorax, São Paulo, Elefante, 2019].

_____. Witch-Hunting, Globalization and Feminist Solidarity in Africa Today. *Journal of International Women's Studies* 10, n. 1, 2008, p. 21-35.

FISIY, Cyprian F. Containing Occult Practices: Witchcraft Trials in Cameroon. *African Studies Review* 41, n. 3, dez. 1998, p. 143-63.

FLETCHER, Anthony; STEVENSON, John (orgs.). *Order and Disorder in Early Modern England*. Cambridge, Cambridge University Press, 1986.

GENGENBACH, Heidi. "I'll Bury You in the Border!" Women's Land Struggles in Post-war Facazisse (Magude District), Mozambique. *Journal of Southern African Studies* 24, n. 1, mar. 1998, p. 7-36.

GESCHIERE, Peter; NYAMNJOH, Francis. Witchcraft in the "Politics of Belonging". *African Studies Review* 41, n. 3, dez. 1998, p. 69-91.

GRANT, Jaime M. Who's Killing Us? In: RADFORD, Jill; RUSSELL, Diana E. H. (orgs.) *Femicide*: The Politics of Woman Killing. Nova York, Twayne, 1992, p. 145-60.

HAAR, Gerrie ter (org.). *Imagining Evil*: Witchcraft Beliefs and Accusations in Contemporary Africa. Trenton/Nova Jersey, Africa World Press, 2007.

HARI, Johann. Witch Hunt: Africa's Hidden War on Women. *Independent*, 11 mar. 2009. Disponível em: <https://www.independent.co.uk/news/world/africa/witch-hunt-africas-hidden-war-on-women-1642907.html>; acesso em: 8 maio 2018.

HESTER, Marianne. Patriarchal Reconstruction and Witch Hunting. In: BARRY, Jonathan; HESTER, Marianne; ROBERTS, Gareth (orgs.). *Witchcraft in Early Modern Europe*: Studies in Culture and Belief. Cambridge, Cambridge University Press, 1996, p. 288-306.

HINFELAAR, Hugo F. Witch-Hunting in Zambia and International Illegal Trade. In: HAAR, Gerrie ter (org.). *Imagining Evil*: Witchcraft Beliefs and Accusations in Contemporary Africa. Trenton/Nova Jersey, Africa World Press, 2007, p. 229-46.

HOLMES, Clive. Women: Witnesses and Witches. *Past and Present* 140, n. 1, ago. 1993, p. 45-78.

HOWELL, Martha C. *Women, Production and Patriarchy in Late Medieval Cities*. Chicago, University of Chicago Press, 1986.

JOHANSEN, Jens Christian V. Denmark: The Sociology of Accusations. In: ANKARLOO, Bengt; HENNINGSEN, Gustav (orgs.). *Early Modern European Witchcraft*: Centres and Peripheries. Oxford, Clarendon, 1992, p. 339-66.

JOHNSON, Holly; OLLUS, Natalia; NEVALA, Sami. *Violence against Women*: An International Perspective. Nova York, Springer Science and Business Media, 2008.

KARIM, Lamia. *Microfinance and Its Discontents*: Women in Debt in Bangladesh. Minneapolis, Minnesota University Press, 2011.

KLAITS, Joseph. *Servants of Satan*: The Age of the Witch Hunts. Bloomington, Indiana University Press, 1985.

KUMAR, Radha. *The History of Doing*: Illustrated Account of Movements for Women's Rights and Feminism in India 1800-1990. Londres, Verso, 1997.

LAFRANIERE, Sharon. African Crucible: Cast as Witches then Cast Out. *The New York Times*, 15 nov. 2007. Disponível em: ‹https://www.nytimes.com/2007/11/15/world/africa/15witches.html›; acesso em: 7 maio 2018.

L'ESTRANGE EWEN, C. *Witch-Hunting and Witch Trials*: The Indictments for Witchcraft from the Records of 1373 Assizes Held for the Home Circuit AD 1559-1736. Londres, Kegan Paul, Trench, Trubner & Co., 1929.

LE SUEUR, Meridel. *Women on the Breadlines*. 2. ed. rev. Nova York, West End, 1984 [1977].

LEVIN, Dan. A Chilling Journey along Canada's Highway 16. *The New York Times*, 26 maio 2016. Disponível em: ‹https://www.nytimes.com/2016/05/26/insider/a-chilling-journey-along-canadas-highway-16.html›; acesso em: 6 ago. 2019.

_____. Dozens of Women Vanish on Canada's Highway of Tears, and Most Cases Are Unsolved. *The New York Times*, 24 maio 2016. Disponível em: ‹https://www.nytimes.com/2016/05/25/world/americas/canada-indigenous-women-highway-16.html?mtrref=www.google.ca›; acesso em: 9 maio 2018.

LINEBAUGH, Peter. *The Magna Carta Manifesto*: Liberties and Commons for All. Berkeley, University of California Press, 2008.

MACFARLANE, Alan. *Witchcraft in Tudor and Stuart England*: A Regional and Comparative Study. Nova York, Harper & Row, 1970.

MANJI, Ambreena. *The Politics of Land Reform in Africa*: From Communal Land to Free Markets. Londres, Zed, 2006.

MCVEIGH, Tracy. Children Are Targets in Nigerian Witch Hunt. *The Guardian*, 9 dez. 2007. Disponível em: ‹https://www.theguardian.com/world/2007/dec/09/tracymcveigh.theobserver›; acesso em: 7 maio 2018.

MEINTJES, Sheila; PILLAY, Anu; TURSHEN, Meredeth (orgs.). *The Aftermath*: Women in Post-conflict Transformation. Londres, Zed, 2001.

MERCHANT, Carolyn. *The Death of Nature*: Women, Ecology and the Scientific Revolution. São Francisco, Harper & Row, 1983.

MEYER, Birgit. The Power of Money: Politics, Occult Forces, and Pentecostalism in Ghana. *African Studies Review* 41, n. 3, dez. 1998, p. 15-37.

MIDNIGHT NOTES COLLECTIVE. The New Enclosures. *Midnight Notes* n. 10, 1990, Disponível em: ‹https://libcom.org/files/mn10-new-enclosures.pdf›; acesso em: 13 jun. 2018.

MIES, Maria. *Patriarchy and Accumulation on a World Scale*. Londres, Zed, 2014 [1986].

MIGUEL, Edward. Poverty and Witch Killing. *Review of Economic Studies* 72, n. 4, out. 2005, p. 1.153-72.

MOSER, Caroline O. N.; CLARK, Fiona C. *Victims, Perpetrators or Actors?* Gender, Armed Conflict and Political Violence. Londres, Zed, 2001.

MUCHEMBLED, Robert. *Culture populaire et culture des élites dans la France moderne (XVe–XVIIIe)*: Essai. Paris, Flammarion, 1978.

MUTUNGI, Onesmus K. *The Legal Aspects of Witchcraft in East Africa*: With Particular Reference to Kenya. Nairobi, East Africa Literature Bureau, 1977.

NIEHAUS, Isak A. The ANC's Dilemma: The Symbolic Politics of Three Witch-Hunts in the South African Lowveld. *African Studies Review* 41, n. 3, dez. 1998, p. 93-118.

_____; MOHALA, Eliazaar; SHOKANE, Kelly. *Witchcraft, Power, and Politics*: Exploring the Occult in the South African Lowveld. Londres, Pluto, 2001.

NUWER, Rachel. Women Shut Down Deadly Witch-Hunts in India (Yes, That Still Happens). *Smithsonian.com*, 5 set. 2012. Disponível em: ‹https://www.smithsonianmag.com/smart-news/women-shut-down-deadly-witch-hunts-in-indiayes-that-still-happens-26095379/›; acesso em: 13 jun. 2018.

OFFIONG, Daniel A. *Witchcraft, Sorcery, Magic and Social Order among the Ibibio of Nigeria*. New Haven/Enugu, Fourth Dimension, 1991.

OGEMBO, Justus M. *Contemporary Witch-Hunting in Gusii, Southwestern Kenya*. Lewiston/Nova York, Edwin Mellen, 2006.

OKAMBA, Louis. Saving the Elderly from Prejudice and Attacks. *African Agenda* 2, n. 2, 1999.

OLIVERA, Mercedes (org.). *Violencia feminicida en Chiapas*: razones visibles y ocultas de nuestras luchas, resistencias y rebeldías. Chiapas, Universidad de Ciencias y Artes de Chiapas-Centro de Derechos de la Mujer de Chiapas, 2008.

OYĚWÙMÍ, Oyèrónké (org.). *African Women and Feminism*: Reflecting on the Politics of Sisterhood. Trenton/Nova Jersey, Africa World Press, 2003.

PALMER, Karen. *Spellbound*: Inside West Africa's Witch Camps. Nova York, Free Press, 2010.

PARISH, Jane. From the Body to the Wallet: Conceptualizing Akan Witchcraft at Home and Abroad. *Journal of the Royal Anthropology Institute* 6, n. 3, set. 2000, p. 487-500. Disponível em: ‹http://www.urbanlab.org/articles/Parish%20Jane%202000%20From%20the%20body%20to%20the%20wallet.pdf›; acesso em: 13 jun. 2018.

PELS, Peter. The Magic of Africa: Reflections on a Western Commonplace. *African Studies Review* 41, n. 3, dez. 1998, p. 193-209.

PETRAITIS, Richard. The Witch Killers of Africa. *The Secular Web*, 2003. Disponível em: ‹https://infidels.org/library/modern/richard_petraitis/witch_killers.html›; acesso em: 4 maio 2018.

PIRELA, Miguel Perez. Asesinan a supuestas brujas en Tanzania por provocar "impotencia sexual". *Telesur*, 17 out. 2014. Disponível em ‹https://www.telesurtv.net/news/Asesinan-a-supuestas-brujas-en-Tanzania-por-provocar-impotencia-sexual-20141017-0013.html›; acesso em: 6 ago. 2019.

RADFORD, Jill; RUSSELL, Diana E. H. (orgs.) *Femicide*: The Politics of Woman Killing. Nova York, Twayne, 1992.

RICE, Nicole R.; PAPPANO, Margaret Aziza. *The Civic Cycles*: Artisan Drama and Identity in Premodern England. Indiana, University of Notre Dame Press, 2015.

ROBERTS, Dorothy. *Killing the Black Body*: Race, Reproduction, and the Meaning of Liberty. Nova York, Vintage, 2016 [1997].

ROWLANDS, Samuel. *Tis Merrie When Gossips Meete*. Londres, Iohn Deane, 1609.

RUGGIERO, Guido. *Binding Passions*: Tales of Magic, Marriage, and Power at the End of the Renaissance. Nova York, Oxford University Press, 1993.

RUSSELL, Diana E. H.; ELLIS, Candida. Annihilation by Murder and by the Media: The Other Atlanta Femicides. In: RADFORD, Jill; RUSSELL, Diana E. H. (orgs.) *Femicide*: The Politics of Woman Killing. Nova York, Twayne, 1992, p. 161-2.

_____; VAN DE VEN, Nicole (orgs.). *Crimes against Women*: Proceedings of the International Tribunal. 3. ed. Berkeley, Russell, 1990 [1976]. Disponível em: ‹http://womenation.org/wp-content/uploads/2013/09/Crimes_Against_Women_Tribunal.pdf›; acesso em: 3 maio 2018.

SEGATO, Rita Laura. *La escritura en el cuerpo de las mujeres asesinadas en Ciudad Juárez*: territorio, soberanía y crímenes de segundo estado. Cidade do México, Universidad del Claustro de Sor Juana, 2006.

_____. *Las nuevas formas de la guerra y el cuerpo de las mujeres*. Puebla, Pez en el Árbol, 2014.

SHEPARD, Alexandra. Poverty, Labour and the Language of Social Description in Early Modern England. *Past Present* 201, n. 1, nov. 2008, p. 51-95.

SOUMYA, Savvy. Film on Witches Casts a Spell-Documentary Features in the Nomination List of Magnolia Award. *Telegraph*, 12 maio 2005. Disponível em: ‹https://www.telegraphindia.com/1050512/asp/jharkhand/story_4722935.asp›; acesso em: 13 jun. 2018.

SUBLETTE, Ned ; SUBLETTE, Constance. *The American Slave Coast*: A History of the Slave-Breeding Industry. Chicago, Lawrence Hill, 2016.

THOMAS, Keith. *Religion and the Decline of Magic*. Nova York, Charles Scribner's Sons, 1971.

TURSHEN, Meredeth. The Political Economy of Rape: An Analysis of Systematic Rape and Sexual Abuse of Women During Armed Conflict in Africa. In: MOSER, Caroline O. N.; CLARK, Fiona C. *Victims, Perpetrators or Actors?* Gender, Armed Conflict and Political Violence. Londres, Zed, 2001, p. 55-68.

_____; TWAGIRAMARIYA, Clotilde (orgs.). *What Do Women Do in Wartime?* Gender and Conflict in Africa. Londres, Zed, 1998.

ULEKLEIV, Line (org.). *Steileneset Memorial*: To the Victims of the Finnmark Witchcraft Trials. Oslo, Forlaget, 2011.

UNDERDOWN, D. E. The Taming of the Scold: The Enforcement of Patriarchal Authority in Early Modern England. In: FLETCHER, Anthony; STEVENSON, John (orgs.). *Order and Disorder in Early Modern England*. Cambridge, Cambridge University Press, 1986, p. 116-36.

VAN BINSBERGEN, Wim. Witchcraft in Modern Africa as Virtualized Boundary Condition of the Kinship Order. In: BOND, George Clement; CIEKAWI, Diane M. (orgs.) *Witchcraft Dialogues*: Anthropology and Philosophical Exchanges. International Studies, Africa Series n. 76. Athens, Ohio University Center for International Studies, 2001, p. 212-62.

VINE, Jeremy. Congo Witch-Hunt's Child Victims. *BBC Online*, 22 dez. 1999. Disponível em: ‹http://news.bbc.co.uk/2/hi/africa/575178.stm›; acesso em: 7 maio 2018.

WANYEKI, L. Muthoni (org.). *Women and Land in Africa*: Culture, Religion and Realizing Women's Rights. Londres, Zed, 2003.

WHITE, Luise. *Speaking with Vampires*: Rumor and History in Colonial Africa. Berkeley, University of California Press, 2000.

WIESNER, Merry. Women's Response to the Reformation. In: HSIA, R. Po-Chia (org.). *The German People and the Reformation*. Ithaca/Nova York, Cornell University Press, 1988.

WORLD BANK. *World Development Report 2008*: Agriculture for Development. Washington, DC, International Bank for Reconstruction and Development/World Bank, 2007. Disponível em: ‹https://siteresources.worldbank.org/INTWDR2008/Resources/WDR_00_book.pdf›; acesso em: 9 maio 2018.

WRIGHT, Louis B. *Middle-Class Culture in Elizabethan England*. Ithaca/Nova York, Cornell University Press, 1965 [1935].

WRIGHT, Thomas. *A History of Domestic Manners and Sentiments in England during the Middle Ages*. Londres, Chapman and Hall, 1862.

Índice

"Passim" (literalmente, "por toda parte") indica uma discussão descontínua de um tópico ao longo de um conjunto de páginas

A

aborto, 71-2, 102

abrigos para mulheres, 103

ação direta das mulheres, 136

acumulação primitiva, 42, 91, 126

acusadas como bruxas, assassinato de. *Ver* assassinato de acusadas como bruxas

Adinkrah, Mensah, 108-9, 123

adivasis, 24, 97

adivinhação e magia. *Ver* magia e adivinhação

África, 24-5, 94n6, 95-9 *passim*, 102, 104, 107-38

África do Sul, 112-3, 121, 124

Agência dos Estados Unidos para o Desenvolvimento Internacional, 134

agricultura, 62; de subsistência, 96-7, 128-30, 140; alegações de bruxaria e, 126. *Ver também* agricultoras e agricultores

agricultores e agricultoras: África, 124, 126-7. *Ver também* expulsão de agricultores e agricultoras, ocupantes etc.

aids, 97, 116

Alidou, Ousseina, 120n20

América Latina, 41, 89, 94-5, 99, 102, 110; esterilização na, 102; legislação da, 90, 97, 102-4, 134-5

amizade e cooperação feminina, 76-84 *passim*

amor, romântico/sexual. *Ver* Eros

Angola, 122

animais, 55-6

animais de companhia, 56

antropólogos, antropólogas e antropologia, 132

anticolonialismo, 94

assassinato de acusadas como bruxas, 23-5, 54-5, 107-8; África, 107-14 *passim*, 120-6 *passim*, 132, 135-7; Inglaterra, 49

assassinato de meninas e mulheres. *Ver* feminicídio.

assassinato em série, 100

atração sexual. *Ver* Eros

Auslander, Mark, 129, 129n39

autodefesa, 103

Awargal, Bina, 117n14

B

Banco Mundial, 95-7, 110, 127, 129, 133-4

bares, tavernas etc. *Ver* tavernas

bem-estar social, 43, 51, 102

Berg, Allison, 125

Binding Passions (Ruggiero), 69

bonecas de bruxas, 26-7

Bourgeois, Louise, 26n1

burguesia, 41, 67, 68

branks. Ver "scold's bridle"

C

Calibã e a bruxa (Federici), 21-2, 39, 51, 70, 91, 107, 126, 139

campos de bruxas de Gana, 25, 112, 123-5, 123n28

Canadá, 100-1, 110

canções, 33-6, 77-8

capitalismo, 40-3, 55-7, 62-71 *passim*, 101, 139-41; América Latina, 94; global, 91, 94-9 *passim*, 107-20 *passim*, 126-36 *passim*

Carta da Floresta, 50

casamento, 68-79 80-2; poligamia, 128

cercamento e cercamentos, 55, 63, 80; "novos cercamentos", 94-5, 94n6

cercamento/exploração do corpo feminino, 22, 39-40

cercamento de terras, 53, 53n6, 91; África, 115-8 *passim*, 127-8; Índia, 24; Inglaterra, 47-51

cercamento da sexualidade, 52-4

cercas, 47-8, 53-5

Ciclo de Chester (mistérios), 76-7

classe média. *Ver* burguesia

classes baixas: Grã-Bretanha, 75, 78, 80-1; Europa, 72, 78-80; mulheres das, 75, 80-1

conflitos intergeracionais, 108, 120-7, 135-7

Congresso Nacional Africano, 112

corpo feminino, 61; ataque contra o, 129, 140; exploração do, 39, 91. *Ver também* cercamento/exploração do corpo feminino

corpo humano, 65. *Ver também* corpo feminino

Circe, 69

Ciudad Juárez: assassinatos, 93, 110

colonização e colonialismo, 107-8, 114, 124, 133; Gana, 114n10. *Ver também* recolonização; cercamento de terras

comunalismo, 55, 62-3, 115, 126-37 *passim*

Congo, República Democrática. *Ver* República Democrática do Congo

Comissão Congolesa de Monitoramento dos Direitos Humanos, 121

Contemporary Witch-Hunting in Gusii, Southwestern Kenya (Ogembo), 115-6

contracepção, 72, 99

controle de natalidade, 93. *Ver também* contracepção; esterilização

crianças: África, 116, 121-2, 125-8, 132, 135; castigo de, 93-4; como acusadoras e acusadas, 21, 121-3; morte repentina de, 55

"cucking stool". *Ver "ducking stool"*

"cultos satânicos", 110

curandeiras, curandeiros e curas, 53, 63, 65, 84, 93, 104, 116, 122

cristianismo, 56, 65-8, 81, 107; exorcistas e exorcismo, 66, 122; seitas evangélicas/fundamentalistas, 97, 110, 116, 122

D

Dalla Costa, Giovanna Franca, 93

Descartes, René, 56

desemprego, 98, 116

desnutrição, 97, 116

diabo, 51, 54, 56-7, 67, 69-70, 84; medo do, 116, 122

Dinamarca, 27, 33n1; canção, 33-6

direitos das mulheres, 79, 110-1, 131

divisão do trabalho por gênero. *Ver* divisão sexual do trabalho

divisão sexual do trabalho, 72, 102-3

Drachmann, Holger: "Vi elsker vort land", 33-6

"ducking stool", 82

E

economia global, 90, 94-9 *passim*, 107, 110; África e, 109-21 *passim*, 126-36 *passim*

Ellis, Stephen, 111n4

Eros, 67

Escócia, 81

Escola Politécnica de Montreal, massacre, 1989, 100

escravidão, 92, 107; mordaça para escravos e escravas, 81-2, 92; estupro de escravas, 92

Essex, Inglaterra, 49

Estados Unidos, 25, 42, 107, 110, 139; feminicídio, 100; escravidão, 82; esterilização, 92-4; exército, 102-3

estereótipos de mulheres, 79-81, 84

esterilização, 92, 93n4, 102; como castigo, 92-3

estupro, 90; pela polícia de fronteira, 99; Índia, 103; de mulheres escravizadas, 92

eugenista, movimento, 92

Europa, 21-6 *passim*, 39-56 *passim*, 72, 107, 110; caças às bruxas, 33n1, 48, 61-6 *passim*, 72, 91-2, 125-30 *passim*; colonização africana,113-4; feminilidade, 52-3. *Ver também* Dinamarca; França; Grã-Bretanha; Itália

execuções, 23-4, 67n2, 71-2, 92, 120-1, 125-6

exorcistas e exorcismo, 66, 113, 122

exploração, 39, 64-5, 91, 98-9, 104, 116-7, 140

expulsão de agricultores e agricultoras, ocupantes etc., 47-9, 53-4, 94-5

F

Falquet, Jules, 99, 102

"familiares" (animais de companhia). *Ver* animais de companhia

família nuclear, 39, 93

153

Fanon, Frantz, 103

Federici, Silvia: *Calibã e a bruxa*, 21-2, 51, 53n6, 70, 91, 107, 126 139

feminicídio, 23, 90-4, 98-102; "assassinatos por dotes", 98, 103, 110, 132, 136

feminilidade, 53, 70, 103, 125

feminismo: África e, 131-7 *passim*; reação negativa contra o, 100

Fence, Lancashire, 49

França, 48, 78, 80n13

Fundo Monetário Internacional, 110

G

gado, suposto encantamento do, 55

Gana, 25, 112, 114n10, 118-26 *passim*, 123n28, 130

gênero, divisão do trabalho por. *Ver* divisão sexual do trabalho

globalização econômica. *Ver* economia global

"gossip" (palavra), 23, 75-84 *passim*

gossip bridle. Ver scold's bridle

Grã-Bretanha, 134. *Ver também* Inglaterra; Escócia.

Grande Depressão, 92n4

Guatemala, 96, 104

"Guerra contra o terror", 71

guildas, 78-80

Gusii, 112, 115, 122-3, 125

ginocídio. *Ver* feminicídio.

H

herboristas e medicina herbal, 65, 72

Highway of Tears [Estrada das Lágrimas] (Colúmbia Britânica), 101

Hinfelaar, Hugo, 117

History of Domestic Manners and Sentiments in England during the Middle Ages, A (Wright), 76-7

Holmes, Clive, 54n7

Holocausto: de povos indígenas das Américas, 40-1; judeu, 54

homens jovens, 108-9, 112, 120-2

humilhação pública, 70, 82, 113

I

Igreja católica, 66-7; Inquisição, 69

impunidade, 96, 101, 113

Índia, 24-5, 96-8, 102-4, 108, 125-6, 132-6; "assassinatos por dotes", 98, 103, 110, 132, 136; *sati*, 110; esterilização,102; movimento de mulheres, 108n1, 134-5, 137

indústria de cacau, 114n10

infanticídio, acusações, 63, 69, 126

inflação, 64

Inglaterra, 49-51, 56, 75-8, 80n13, 82

Inquisição, 69

Itália, 79

itens de primeira necessidade, 51, 116

internação em hospitais psiquiátricos, 90, 92

J

jovens: conflito com pessoas mais velhas. *Ver* conflito intergeracional

Juarez, México. *Ver* Ciudad Juarez, assassinatos

julgamentos, 40, 49, 63, 66, 69, 83; cães como defensores ou testemunhas, 56; Dinamarca, 33n1; Inglaterra, 49, 56; locais e memoriais, 26, 26n1

K

Kinshasa, 122

Kisii. *Ver* Gusii

L

Lancashire, Inglaterra, 49

Le Sueur, Meridel, 92n4

Linebaugh, Peter, 50

lobotomia, 93

Lutero, Martinho, 68

M

macarthismo, 71

Macfarlane, Alan: *Witchcraft in Tudor and Stuart England*, 49, 63

magia e adivinhação, 53, 63, 65-6, 69, 72, 84

mal, mulher como o, 62

Malleus Maleficarum, 66-7

mão de obra, fornecimento de, 91, 98; reprodução da, 67-8, 91, 94

marchas e manifestações, 53, 103, 136

Marx, Karl, 91

masculinidade tóxica, 102

medicina tradicional, 65, 72, 84, 104

medo da revolta das mulheres/poder, 23, 61-72 *passim*, 130-1

medo de bruxas e bruxaria, 111, 114, 119--20, 130-1

medo de sequestro e internação, 92n4

medo do inferno e do mal, 57, 119-20. *Ver também* diabo: medo do

medos sexuais, 131

memória coletiva, 71, 84

memoriais para vítimas dos julgamentos por bruxaria, 26n1

meningite, epidemia, 123

mercado turístico, 26-7

México, 93, 110

microcrédito, 102

Mies, Maria, 97

militarismo e militarização, 101-2, 121n20

mineradora, indústria, 95-6

misoginia, 67, 79, 84, 100, 102-3, 125; nas moralidades, 78-80

Moçambique, 116, 128, 128n39, 134

Morales, Rodolfo: *Trazando el Camino*, 61

moralidades [teatro], 78

movimento de mulheres, 90, 108n1, 134-7

Movimento dos Trabalhadoras Rurais Sem Terra, 135

Muchembled, Robert, 71

mulheres afro-americanas. *Ver* mulheres negras

mulheres dominadoras (estereótipo), 79-80, 79n9

mulheres feirantes, 99, 130

mulheres idosas, 50-1, 62-4, 71, 97-8; África, 109, 111, 121-30 *passim*, 135

mulheres indígenas nativas das Américas, 94-5, 100-1

mulheres migrantes, latino-americanas, 99

mulheres negras, 94, 100-1

mistérios [teatro], 76-8

N

Nações Unidas, 95-6, 111, 135; Conferências Mundiais sobre a Mulher, 90 não conformidade de gênero, assassinato de pessoas em, 100-1

Nepal, 108

Nigéria, 121, 114n10

normalização da violência, 92-4, 101

Noruega, 26n1

"novos cercamentos". *Ver* cercamento e cercamentos: "novos cercamentos"

Nuwer, Rachel, 108n1

O

obediência, 68, 81-2, 92

Ogembo, Justus: *Contemporary Witch-Hunting in Gusii, Southwestern Kenya*, 108, 111-2, 115-8, 122-5

P

Papua Nova Guiné, 24, 108, 125

Parish, Jane, 118-9, 130

parteiras e obstetrícia, 63-5

patriarcado, 39-42 *passim*, 67, 80-1, 91, 93-4, 97, 101, 124-5, 134-5

pedir esmolas, 51, 62-3; criminalização, 51, 63

pentecostalismo, 122

pessoas africanas escravizadas, 41, 92

pessoas idosas: execução de, 120-1; conflitos intergeracionais, 109, 120-1, 125-7, 137-8

pessoas trans, assassinato de, 100

pets. *Ver* animais de companhia

Platão, 67

pobreza, 22, 50-3, 96-7, 102; alívio da, 50-1; feminização da, 80

poder das mulheres, 63-72 *passim*, 78, 135; destruição do, 62, 81

poder dos homens, 93

polícia, 93, 99, 102, 113, 136

polícia de fronteira, 99

poligamia, 128

política econômica, 95, 99, 101, 109-10, 140; Quênia, 115-6. *Ver também* Banco Mundial

povos indígenas da Índia. *Ver* adivasis

povos indígenas das Américas. *Ver* indígenas nativos das Américas

prata, 50, 64

preços dos alimentos, 64, 64n1

prisão, 139; de pessoas negras, 42; de rebeldes, 96; de mulheres, 90

privatização da terra. *Ver* cercamento de terras

procriação, 54, 66-9, 92-3, 99, 102, 124-5, 129, 140

programas de austeridade, 96, 111

propriedade de terras, 97, 134; disputas africanas por, 25, 128, 129n39, 134; comunal, 23, 96, 133-5

prostituição, 69-70; punição por, 82

protestos. *Ver* marchas e protestos

punição: de crianças, 93; de mulheres, 81-2, 92-3. *Ver também* queimar pessoas vivas; prisão

Q

queimar pessoas vivas, 24, 26, 41, 62, 111, 121, 125, 134-5

Quênia, 108, 112, 115-7, 119n18

R

"rabugentas" e "rabugice", 80-2 *passim*

racismo, 100

recolonização, 25, 94, 110

Reforma, 51

Reino Unido. *Ver* Grã-Bretanha

religião, 24, 56-7, 65, 116; África, 120-4. *Ver também* cristianismo

Religion and the Decline of Magic (Thomas), 50, 52

reprodução humana. *Ver* procriação

República Centro-Africana, 24

República Democrática do Congo, 95, 112, 121, 124. *Ver também* Kinshasa

resistência, 25-6, 63, 65, 72, 103, 117; anos 1960 e 1970, 94; castigo devido a, 96; Índia, 136. *Ver também* resistência de mulheres

resistência das mulheres, 25, 41, 52-5, 82, 89, 92, 129

revoltas e rebeliões, 53, 64, 82

Rowlands, Samuel: *Tis Merrie When Gossips Meete*, 80

Ruggiero, Guido: *Binding Passions*, 69

S

sabotagem, 55

sadismo, 66, 70, 81

Satanás. *Ver* diabo

sátira, 76, 79

saúde pública, 97, 116, 123

scold's bridle [rédea das rabugentas], 81-2, 92

Segato, Rita Laura, 90n2, 95-6

sequestro, 93n4, 94

sexualidade, cercamento da. *Ver* cercamento da sexualidade

sexualidade das mulheres, 53, 63-70 *passim*, 92, 101-3

sexualidade feminina. *Ver* sexualidade das mulheres

silenciamento de mulheres, 76-84 *passim*, 92

subserviência das mulheres, 82

subserviência feminina. *Ver* subserviência das mulheres

subsistência, agricultura de. *Ver* agricultura de subsistência

sul-asiático, 117n14. *Ver também* Índia

T

Tanzânia, 24, 112, 124

tavernas, 77-80

terras comunais, 22, 94n6, 96, 115, 117

terrorismo, 62, 70-2, 82, 95, 125, 132

Thomas, Keith: *Religion and the Decline of Magic*, 50, 52

Tis Merrie When Gossips Meete (Rowlands), 80

tortura, 26n1, 41, 62, 66, 70-1, 81-3, 92, 94-5, 103, 109, 113, 117n14, 122, 125, 135-6

trabalho, disciplina do, 55-6, 65-6, 69, 72, 91

trabalho não remunerado, 91-3, 99

trabalho precário, 99

trabalho sexual, 99. *Ver também* prostituição

tráfico de órgãos e partes do corpo, 119

tráfico sexual, 98

Trazando el camino (Morales), 61, 71

Tribunal Internacional de Crimes contra as Mulheres, 90

tributação, 41, 48

U

Underdown, D. E., 82

V

vampirismo, 119, 119n18,

vendedoras de rua, mulheres. *Ver* mulheres feirantes

veteranos, 102

"Vi elsker vort land", 33-6

Via Campesina, 135

violência contra as mulheres, 23, 25, 89--104 *passim*, 109, 113, 136, 139-40; iniciativas de combate à, 90. *Ver também* estupro; feminicídio

violência doméstica, 93, 99-101

violência familiar. *Ver* violência doméstica

violência, normalização da. *Ver* normalização da violência

viúvas, 50-1, 135

W

Wanyeki, L. Muthoni, 134

Witchcraft in Tudor and Stuart England (Macfarlane), 49, 63

Wright, Thomas: *A History of Domestic Manners and Sentiments in England during the Middle Ages*, 76-8

Z

Zâmbia, 113, 117-8, 119n18, 121, 124, 129-32

zapatistas, 135

© desta edição, Boitempo, 2019
© PM Press, 2018
Título original: *Witches, Witch-Hunting, and Women*

Direção editorial Ivana Jinkings

Edição Thais Rimkus

Tradução Heci Regina Candiani

Coordenação de produção Livia Campos

Assistência de produção Elaine Alves

Revisão Sílvia Balderama Nara

Capa Ronaldo Alves

Projeto gráfico e diagramação Antonio Kehl

Imagens de capa e miolo Vânia Mignone

Equipe de apoio Artur Renzo, Carolina Mercês, Camila Nakazone, Clarissa Bongiovanni, Débora Rodrigues, Dharla Soares, Elaine Ramos, Frederico Indiani, Heleni Andrade, Higor Alves, Isabella Marcatti, Ivam Oliveira, Joanes Sales, Kim Doria, Luciana Capelli, Marina Valeriano, Marlene Baptista, Maurício Barbosa, Raí Alves, Talita Lima, Tulio Candiotto

CIP-BRASIL. CATALOGAÇÃO NA PUBLICAÇÃO
SINDICATO NACIONAL DOS EDITORES DE LIVROS, RJ

F318m
    Federici, Silvia, 1942-
    Mulheres e caça às bruxas : da Idade Média aos dias atuais / Silvia Federici
; tradução Heci Regina Candiani. - 1. ed. - São Paulo : Boitempo, 2019.

    Tradução de: Witches, witch-hunting, and women
    Inclui bibliografia e índice
    ISBN 978-85-7559-725-5

    1. Mulheres - Condições sociais - História. 2. Feitiçaria - Europa - História.
I. Candiani, Heci Regina. II. Título.

19-59503   CDD: 305.409
                                  CDU: 316.346.2-055.2(09)

Meri Gleice Rodrigues de Souza - Bibliotecária CRB-7/6439

É vedada a reprodução de qualquer parte deste livro sem a expressa autorização da editora.

1ª edição: setembro de 2019; 1ª reimpressão: janeiro de 2021;
2ª reimpressão: janeiro de 2022; 3ª reimpressão: abril de 2023;
4ª reimpressão: março de 2024

BOITEMPO
Jinkings Editores Associados Ltda.
Rua Pereira Leite, 373
05442-000 São Paulo SP
Tel.: (11) 3875-7250 / 3875-7285
editor@boitempoeditorial.com.br
boitempoeditorial.com.br | blogdaboitempo.com.br
facebook.com/boitempo | twitter.com/editoraboitempo
youtube.com/tvboitempo | instagram.com/boitempo

Publicado no dia 14 setembro de 2019, um ano e meio após o assassinato de Marielle Franco e Anderson Gomes – crime político que permanece sem resposta oficial quanto à identidade e à motivação de seus mandantes –, este livro foi composto em Adobe Garamond Pro, corpo 10,5/13,5, e reimpresso em papel Pólen Natural 80 g/m² pela gráfica Rettec para a Boitempo, em março de 2024, com tiragem de 2 mil exemplares.